●●● この問題集のねらいと使い方 ●●●

この問題集のねらい

　教室で生徒さんに「いつ頃から中学校の英語が苦手になったの？」と質問をすると，10人中9人ぐらいが，「3単現（3人称単数現在形）のあたりから」と答えます。

　英語は階段をひとつひとつ上がっていく科目です。ひとつ階段を踏みはずすとつまずきが大きくなります。本書はそのつまずきを克服するために，同じ内容の問題が繰り返し出てきます。例えば，入門期にまちがいやすい単語にstudy（勉強する）の3人称単数現在形（studies）がありますが，本書では質問形式をかえて，studiesを繰り返し練習することによって，その定着を図っています。これが，本書を「リピートプリント」と名付けた理由です。

この問題集の特色と使い方

◆ 基本を学ぼう

　そのSTEPの文法事項の例題を見やすい図解で解説し，視覚的に理解できるようにしました。十分理解ができたら**単語力UP**に進みましょう。単語力UPでは，文法の力をつけるのに必要な単語の問題や，そのSTEPに出てくる単語を学習します。次ページからの英文が単語でつまずくことが少なくなります。

◆ 基礎を固めよう

　まず二者択一の問題，次に部分和訳の問題があります。二者択一の例文の多くは，左ページの基本例文か，その例文を少し変化させたものを使用しています。やさしい問題からスタートしますので，ここで，しっかり基礎固めをしましょう。

◆ リピートプリント

　各STEPには実践編として，リピートプリントが2ページずつついています。

　重要な例文は出題形式を変えて何度もリピートして出題されていますので，無理なく定着しやすいようになっています。

　また，本書では復習作業をしながら学習が進むように，スモールステップで問題が構成されています。

◆ 確認テスト

　学年の学習項目を6つに分けて，確認テストを設けました。学習したことがどれだけ定着しているか，判断できます。ミスした部分をチェックして，反復練習をしましょう。

◆ 解答欄

　窮屈な解答欄に解答を記入しないといけないことは，意外とストレスになるものです。本書は解答欄をできるだけ広くとることによって，英語を書きやすく，解答作業に集中しやすいようにしました。

◆ 解説・ヒント

　必要に応じて問題文のすぐ下に解答のためのヒントを入れました。また，別冊解答では，英文の和訳例や，解説も入れています。重要だと思われるポイントは，定着のため，反復して出てきます。

◆ の「ワン」ポイントアドバイス

　この問題集のあちこちで， が吠えています。解答のためのヒントや，重要事項を理解するための「ワン」ポイントアドバイスです。見かけたら読んでみてください。

も く じ

be動詞の肯定文（現在形）

基本を学ぼう

文の形

I	am	a teacher.	（わたしは先生です。）
You	are	a student.	（あなたは生徒です。）
He	is	a doctor.	（彼は医者です。）
It	is	a bag.	（それはかばんです。）

働き

・be動詞は，〔主語＋be動詞＋語句〜.〕の形で使う。

・am・are・isをbe動詞といい，「〜です」という意味がある。

・be動詞のあとに名前や年れい，出身地など，主語を説明する語句が続く。

・be動詞は主語とbe動詞のあとに続く語句を「イコールでつなぐ」働きをする。

単語力 UP

I＝a teacher
You＝a student
He＝a doctor
It＝a bag

■be動詞

be動詞は，主語に合わせて
am, are, isを使い分ける。

	▼主語	▼be動詞
わたしは	I	am
わたしたちは	we	
あなた（たち）は	you	are
彼〔彼女〕らは	they	
彼は／彼女は	he/she	is

このSTEPに出てくる重要語

①	boy	少年
②	girl	少女
③	teacher	先生
④	student	生徒
⑤	doctor	医者
⑥	friend	友だち
⑦	interesting	おもしろい
⑧	English	英語（の）
⑨	Japanese	日本人（の），日本語
⑩	Canadian	カナダ人（の）

基礎を固めよう

1. 次の英文の日本語として適切なものを選び，記号で答えましょう。

① I am a teacher.

   ア　わたしは先生です。
   イ　あなたは先生です。　　　　　　　　　　　　　　（　　　）

② He is a doctor.

   ア　彼は医者です。
   イ　彼女は医者です。　　　　　　　　　　　　　　（　　　）

2. 次の文を日本語にしましょう。

① I am a teacher.
　わたしは（　　　　　　　　　　　）。

② You are a student.
　あなたは（　　　　　　　　　　　）。

③ It is a bag.
　それは（　　　　　　　　　　　）。

 is, am, are は同じ意味だよ。「〜です」になるんだ。

1. ① ア　② ア
2. ①わたしは（先生です）。　　②あなたは（生徒です）。　　③それは（かばんです）。

5

1 次の文を日本語にしましょう。

① I'm a student.
I am の短縮形
( )

② You're a teacher.
You are の短縮形
( )

③ He's a Canadian friend.
He is の短縮形　カナダ人の
( )

④ She's a Japanese girl.
She is の短縮形　日本人の
( )

2 次の文の下線部を〔　　〕の語にかえて文を完成させましょう。

① I am a teacher.　　　(You)

_____

② You are a student.　　(She)

_____

③ She is a doctor.　　　(He)

_____

④ He is a Japanese boy.　(I)

_____

 I を1人称，youを2人称，he, she, itなどを
3人称というよ。

リピートプリント ②

1 次の日本語に合うように，下線部に適切な語を入れましょう。

① わたしは先生です。

I _____ _____ teacher.

② あなたは大工です。

You _____ _____ carpenter.

③ 彼はカナダ人の少年です。

He _____ a _____ boy.

④ 彼女は英語の先生です。

She _____ _____ English teacher.

2 次の文を英語にしましょう。

① わたしは少女です。

_____

② あなたは少年です。

_____

③ 彼女は日本人の友だちです。

_____

④ それはおもしろい本です。

_____

English, interesting は母音（日本語のア，イ，ウ，エ，オにあたる音）で始まっている語なのでanをつけるよ。

be動詞の否定文（現在形）

基本を学ぼう

I	am		a teacher.	
I	am	not	a teacher.	（わたしは先生ではありません。）
You	are		a student.	
You	are	not	a student.	（あなたは生徒ではありません。）
It	is		a book.	
It	is	not	a book.	（それは本ではありません。）

働き

・be動詞の否定文は，〔主語＋be動詞＋not ～ .〕の形で使う。

・「～ではありません」という意味の文を否定文という。

・I am notは，I'm notの形にもなる。

■be動詞＋notの短縮形

・are not→ aren't / is not→ isn't / You are not→You're not / It is not→It's not

単語力 UP

このSTEPに出てくる重要語

① pilot	パイロット
② artist	芸術家
③ nurse	看護師
④ musician	音楽家
⑤ pianist	ピアニスト

⑥ singer	歌手
⑦ book	本
⑧ computer	コンピューター
⑨ table	テーブル
⑩ box	箱

基礎を固めよう

1. 次の日本文に対して，正しい英文はどれですか。記号で答えましょう。

① わたしは先生ではありません。

   ア I am not a teacher.
   イ I am not teacher.   （　　）

② 彼女は生徒ではありません。

   ア She is not a student.
   イ She are not a student.   （　　）

2. 次の文を日本語にしましょう。

① I am a pilot.

   わたしは（　　　　　　　　　　　　　）。

② You are not a student.

   あなたは（　　　　　　　　　　　　　）。

③ It is not a table.

   それは（　　　　　　　　　　　　　）。

 主語が she や he, it のときの be 動詞は
is になるよ。

1. ① ア　② ア
2. ①わたしは（パイロットです）。　　②あなたは（生徒ではありません）。
　　③それは（テーブルではありません）。

1 次の文を日本語にしましょう。

① I am a nurse.

(   )

② He is not an artist.

(   )

③ You aren't a baseball player.

(   )

④ It isn't a computer.

(   )

2 次の日本語に合うように，下線部に適切な語を入れましょう。

① わたしは音楽家です。

I _____ _____ musician.

② あなたは先生ではありません。

You _____ _____ a teacher.

③ 彼女はピアニストではありません。

She _____ _____ a pianist.

④ 彼は医者ではありません。

_____ _____ a doctor.

1 次の文を否定文にしましょう。

① I am a nurse.

be 動詞 am の次に not がくる

_____

② You are an artist.

_____

③ He is a musician.

_____

④ I am a singer.

_____

2 次の文を英語にしましょう。

① わたしは生徒ではありません。

_____

② あなたは先生ではありません。

_____

③ 彼は芸術家ではありません。

_____

④ それは箱ではありません。

_____

 「be動詞＋not」の短縮形も使うことができるよ。

be動詞の疑問文（現在形）

基本を学ぼう

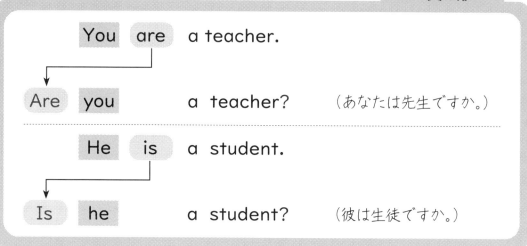

You are a teacher.

Are you a teacher? （あなたは先生ですか。）

He is a student.

Is he a student? （彼は生徒ですか。）

働き

・be動詞の疑問文は，〔be動詞＋主語＋語句 ～？〕の形で使う。

・「～ですか」とたずねる文を疑問文という。

・Yes, I am.（はい，そうです。）　No, I am not.（いいえ，ちがいます。）

※Yes, I'm.のように短縮形を使うことはできない。

・Yes, he〔she/it〕is.（はい，そうです。）　No, he〔she/it〕is not.（いいえ，ちがいます。）

■短縮形

No, he〔she/it〕isn't. ／ No, he's〔she's/it's〕not.

単語力 UP

このSTEPに出てくる重要語（句）

① dancer　　ダンサー

② driver　　運転手

③ cook　　コック，料理人

④ desk　　机

⑤ chair　　いす

⑥ baseball player　　野球の選手

⑦ tennis player　　テニスの選手

基礎を固めよう

1. 次の英文の日本語として適切なものを選び, 記号で答えましょう。

① Are you a teacher?

ア あなたは先生です。
イ あなたは先生ですか。   (   )

② Is he a student?

ア 彼は生徒です。
イ 彼は生徒ですか。   (   )

2. 次の文を日本語にしましょう。

① Are you a teacher?   —Yes, I am.
あなたは (   )。 —はい, (   )。

② Is Mike a dancer?   —No, he is not.
マイクは (   )。 —いいえ, (   )。

③ Is she a nurse?   —Yes, she is.
彼女は (   )。 —はい, (   )。

主語が人の名前のとき, 答えの文の
主語は代名詞にかえて答えるよ。

1. ① イ   ② イ
2. ①あなたは (先生ですか)。 —はい, (そうです)。
   ②マイクは (ダンサーですか)。 —いいえ, (ちがいます)。
   ③彼女は (看護師ですか)。 —はい, (そうです)。

1 次の文を日本語にしましょう。

① He is a doctor.

(　　　　　　　　　　　　　　)

② Are you a teacher?　　　　—Yes, I am.

(　　　　　　　　) (　　　　　　　　)

③ Is she a student?　　　　　—No, she is not.

(　　　　　　　　) (　　　　　　　　)

④ Is she a baseball player?　—Yes, she is.

(　　　　　　　　) (　　　　　　　　)

2 次の（ 　 ）の語を並べかえて，意味の通る文にしましょう。

① (are / driver / you / a / .)

_____

② (you / nurse / are / a / ?)

_____

③ (student / is / a / she / ?)

_____

④ (desk / is / it / a / ?)

_____

1 例にならって次の文を疑問文にして, (　　) の語で答えましょう。

例　You are a dancer.　(Yes)
<u>Are you a dancer?</u>　—<u>Yes, I am.</u>

① You are a teacher.　　　(Yes)

_____　—_____

② Kumi is a student.　　　(No)
Kumi（クミ）は女性⇒she

_____　—_____

③ She is a tennis player.　(Yes)

_____　—_____

④ It is a chair.　　　　　(No)

_____　—_____

2 次の文を英語にしましょう。

① 彼は運転手ですか。　　　　　　　—いいえ, ちがいます。

_____　—_____

② ケン（Ken）はコックですか。　　—はい, そうです。
　　　　　　　cook

_____　—_____

③ それは机ですか。　　　　　　　　—いいえ, ちがいます。

_____　—_____

This(That) is ～ .

基本を学ぼう

文の形

This	is	Ken.	（こちらはケンです。）
This	is	a book.	（これは本です。）
That	is	Emi.	（あちらはエミです。）
That	is	a notebook.	（あれはノートです。）

働き

・自分の近くにあるものを指して「これは～です」と説明するとき
「This is ～ .」となる。

・自分から離れたところや，遠くにあるものをさして「あれは～です」と説明する
とき「That is ～ .」となる。会話では短縮形のThat'sも使われる。

・近くにいる人を指して紹介するときに「こちらは～です」のように，
「This is ～ .」を使う。

・遠くにいる人を指して紹介するときに「あちらは～です」のように，
「That is ～ .」を使う。

単語力 UP

このSTEPに
出てくる重要語

① pencil	鉛筆
② apple	リンゴ
③ orange	オレンジ
④ ball	ボール
⑤ dog	イヌ
⑥ camera	カメラ
⑦ notebook	ノート

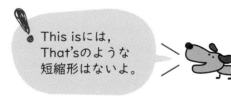

This isには，
That'sのような
短縮形はないよ。

基礎を固めよう

1. 次の英文の日本語として適切なものを選び，記号で答えましょう。

① This is Ken.

    ア こちらはケンです。
    イ あちらはケンです。   （   ）

② That is a book.

    ア これは本です。
    イ あれは本です。   （   ）

2. 次の文を日本語にしましょう。

① This is a book.

    これは（   ）。

② That is Emi.

    あちらは（   ）。

③ That's a pencil.

    あれは（   ）。

that's は that is の短縮形だよ。

1. ① ア ② イ
2. ①これは（本です）。 ②あちらは（エミです）。 ③あれは（鉛筆です）。

1 次の文を日本語にしましょう。

① This is a desk.
（ 　　　　　　　　　　　　　　　　　　　　　）

② This is a dog.
（ 　　　　　　　　　　　　　　　　　　　　　）

③ That is an apple.
（ 　　　　　　　　　　　　　　　　　　　　　）

④ That is a notebook.
（ 　　　　　　　　　　　　　　　　　　　　　）

2 次の（　　）の語を並べかえて，意味の通る文にしましょう。

① (this / bag / a / is / .)

_____

② (a / pencil / is / this / .)

_____

③ (ball / is / that / a / .)

_____

④ (a / that's / camera / .)

_____

1 次の日本語に合うように，下線部に適切な語を入れましょう。

① こちらはメグです。
　人の名前の最初の文字は大文字で書く

　_____ _____ Meg.

② あれはボールです。

　_____ is _____ ball.

③ これはオレンジです。
　母音で始まっている単語のときはanを使う

　_____ is _____ orange.

④ あれはかばんです。

　_____ is _____ bag.

2 次の文を英語にしましょう。

① これは本です。

　_____

② これはかばんです。

　_____

③ あれはカメラです。　（短縮形 That's を使って）

　_____

④ あちらは先生です。

　_____

STEP 05 This〔That〕is not 〜 ./ Is this〔that〕 〜 ?

基本を学ぼう

文の形

| This | is | | a book. |
| This | is | not〔isn't〕 | a book. |

（これは本ではありません。）

| That | is | | a notebook. |
| Is | that | | a notebook? |

（あれはノートですか。）

Yes, it is.　/　No, it isn't.〔No, it's not.〕
（はい，そうです。）　（いいえ，ちがいます。）

働き

・「これは〜ではありません」,「あれは〜ではありません」とちがうことをいいたいときは,「This is not 〜 .」,「That is not 〜 .」という。

・is not の短縮形はisn't。That is not 〜 .はThat's not 〜 .ともいう。

・「これは〜ですか」,「あれは〜ですか」とたずねたいときは「Is this 〜 ?」,「Is that 〜 ?」になる。

■this /thatとit
　一度話題に出たものは, 2回目以降はthisやthatの代わりにit(それ)を使う。

■短縮形　　it is → it's ／ is not → isn't

単語力 UP

このSTEPに出てくる重要語

①	window	窓
②	picture	絵（写真）
③	bird	鳥
④	rabbit	うさぎ
⑤	egg	卵
⑥	school	学校
⑦	park	公園
⑧	house	家
⑨	bike	自転車

20

基礎を固めよう

1. 次の日本文に対して，正しい英文はどれですか。記号で答えましょう。

① これはかばんですか。

ア Is this a bag?
イ Is that a bag?　　　　　　　　　　　　　　（　　）

② あれはノートではありません。

ア That not is a notebook.
イ That is not a notebook.　　　　　　　　　　（　　）

2. 次の文を日本語にしましょう。

① Is this a window?
これは（　　　　　　　　　　　　　　　　　）。

② This is not a picture.
これは（　　　　　　　　　　　　　　　　　）。

③ That is not a bird.
あれは（　　　　　　　　　　　　　　　　　）。

④ Is that a camera?
あれは（　　　　　　　　　　　　　　　　　）。

1. ① ア　② イ
2. ①これは（窓ですか）。　　　　②これは（絵〔写真〕ではありません）。
　 ③あれは（鳥ではありません）。　④あれは（カメラですか）。

リピートプリント ⑨

1 次の文を日本語にしましょう。

① Is this a rabbit? —No, it's not.

(   ) (   )

② This isn't an egg.

(   )

③ Is that a school?

(   )

④ That's not a bike.

(   )

2 次の（　　）から適切な語[句]を選んで書きましょう。

① Is this (a, an) orange?

_____

② This (isnt, isn't) a window.

_____

③ That (is not, not is) a desk.

_____

④ That's not a park.
あれは（公園です，公園ではありません）。

_____

1 次の文を（　　）の指示に従って書きかえましょう。

① This is a bird.（疑問文に）

_____

② That's a picture.（否定文に）
　 that isの短縮形

_____

③ This is a house.（否定文に）

_____

④ That's a window.（疑問文に）

_____

2 次の文を英語にしましょう。

① あちらはビルではありません。

_____

② あれは自転車ですか。　　　　—いいえ，ちがいます。

_____

③ これは車ですか。　　　　—はい，そうです。

_____

STEP 06 We are 〜.

文の形

| We | are | teachers . | （わたしたちは先生です。） |
| They | are | doctors . | （彼らは医者です。） |

複数主語　　　あとの名詞は複数形

働き

- ■ 代名詞　一度話題にのぼった人や，ものの名前などをくり返す代わりに使う語。
- ■ be動詞　主語が複数のときはすべてare。
- ■ 複数形　２つ以上のものや２人以上の人を表すときは，名詞（ものや人を表すことば）を複数形にする。

■主語に使う代名詞

▼単数（１人や１つのもの）	▼複数（２人や２つ以上のもの）
I　（わたしは）	we　（わたしたちは）
you　（あなたは）	you　（あなたたちは）
he　（彼は）	
she　（彼女は）	they　（彼らは，彼女らは，それらは）
it　（それは）	

■複数形の作り方

①名詞の最後にsだけをつける
　bag→bags, desk→desks
②発音しやすいように名詞の最後にeをつけてからsをつける
　box→boxes, dish→dishes
③yで終わる名詞の中にはyをiにしてからeとsをつけるものもある
　city→cities,family→families

単語力 UP

このSTEPに出てくる重要語

①	writer	作家
②	actor	俳優
③	engineer	技師

「あなた」（単数）も「あなたたち」（複数）もyouで表すよ。前後の文から，単数か複数かを判断しよう。

名詞を複数形にする方法　　　STEP18（P.88）

基礎を固めよう

1. 次の文の下線部に，is, am, are の中から適切な語を選んで書きましょう。

① I _____ a cook.

② He _____ a musician.

③ They _____ drivers.

④ We _____ nurses.

2. 次の文を日本語にしましょう。

① We are students.

わたしたちは（ 　　　　　　　　　　　　　）。

② They are engineers.

彼らは（ 　　　　　　　　　　　　）。

③ They are pictures.

それらは（ 　　　　　　　　　　　　　）。

be動詞の使い方は，I⇒am　you⇒are　he, she, itなど⇒is。
主語が複数のときはareだよ。

1 次の文を日本語にしましょう。

① We're writers.
We are の短縮形
( )

② You're pianists.
You are の短縮形
( )

③ They are actors.
「彼らは」「彼女らは」の意味がある
( )

④ They're Japanese girls.
They are の短縮形
( )

2 次の日本語に合うように，下線部に適切な語を入れましょう。

① わたしたちは少年です。

_____ _____ boys.

② 彼女らは医者です。

_____ _____ doctors.

③ それらは長い鉛筆です。

_____ long pencils.
短縮形が入る

④ あなたたちは歌手です。
歌手＝singer

You're _____.

they には「彼らは」「彼女らは」「それらは」の３つの意味があることを覚えておこう。

1 例にならって次の文を複数の文にしましょう。

例 I am a student. ⇒ <u>We are students.</u>

① I am an artist.
I ⇒ we

_____

② You are a driver.

_____

③ He is a pianist.

_____

④ It is a picture.

_____

2 次の文を英語にしましょう。

① わたしたちは先生です。
複数の文 ⇒ teachers

_____

② あなたたちは歌手です。

_____

③ 彼らは運転手です。

_____

④ 彼女らは音楽家です。

_____

複数の文になると, a , an(1人の, 1つの)はつかなくなるよ。

1 次の文の下線部に,（ ）の中から適切な語を選んで書きましょう。

（各3点×4＝12点）

① I ＿＿＿＿＿＿＿＿ a teacher. (is, am, are)

② He ＿＿＿＿＿＿＿＿ an artist. (is, am, are)

③ We ＿＿＿＿＿＿＿＿ Japanese boys. (is, am, are)

④ They ＿＿＿＿＿＿＿＿ apples. (is, am, are)

2 次の文の下線部に a か an を入れましょう。もし，入れる必要がなければ×を入れましょう。

（各3点×4＝12点）

① This is ＿＿＿＿＿＿＿＿ desk.

② That is ＿＿＿＿＿＿＿＿ camera.

③ This is ＿＿＿＿＿＿＿＿ orange.

④ They are ＿＿＿＿＿＿＿＿ books.

3 次の文の下線部に適切な語を入れて，対話文を完成させましょう。

（各3点×4＝12点）

① ＿＿＿＿＿＿ this a ball? —Yes, it is.

② ＿＿＿＿＿＿ they notebooks? —No, they aren't.

③ ＿＿＿＿＿＿ she a tennis player? —Yes, she is.

④ Are you a student? —No, ＿＿＿＿＿＿ am not.

4 次の文を否定文にしましょう。

（各3点×3＝9点）

① This is a dog.

＿＿＿＿＿＿＿＿＿＿＿＿＿＿＿＿＿＿＿＿＿＿＿＿＿＿＿＿

② You are a doctor.

＿＿＿＿＿＿＿＿＿＿＿＿＿＿＿＿＿＿＿＿＿＿＿＿＿＿＿＿

③ They are eggs.

＿＿＿＿＿＿＿＿＿＿＿＿＿＿＿＿＿＿＿＿＿＿＿＿＿＿＿＿

5 次の文を疑問文にして，（　　）の語で答えましょう。

（各4点×4＝16点）

① This is a bag.　　　　　(Yes)

_____ ― _____

② Kumi is a student.　　　(No)

_____ ― _____

③ That is a long pencil.　(Yes)

_____ ― _____

④ You are a nurse.　　　(No)

_____ ― _____

6 次の文を〔　　〕の指示に従って書きかえましょう。

（各4点×4＝16点）

① You are Henry.　　　（下線部を I にかえた文に）

_____

② I am a student.　　　（下線部を He にかえた文に）

_____

③ This is a desk.　　　（「これはリンゴです」の文に）

_____

④ It is a book.　　　（複数の文「それらは本です」の文に）

_____

7 次の文を日本語にしましょう。　　　　　　　（各4点×4＝16点）

① That is a large box.

（　　　　　　　　　　　　　　　　　　　　）

② We are pianists.

（　　　　　　　　　　　　　　　　　　　　）

③ Is Henry a Canadian student?　—Yes, he is.

（　　　　　　　　　　　　）—（　　　　　　　）

④ You are Japanese boys.

（　　　　　　　　　　　　　　　　　　　　）

8 次の単語の曜日名を書きましょう。　　　　　　（各1点×7＝7点）

① Wednesday（　　　　　） ② Friday　　（　　　　　）

③ Thursday　（　　　　　） ④ Saturday（　　　　　）

⑤ Sunday　　（　　　　　） ⑥ Tuesday（　　　　　）

⑦ Monday　　（　　　　　）

Did you know?

pianistの-istのように単語の最後について「～する人」を表すものには
いくつかあるのよ。身近な職業の名前で紹介するので確認してね。
-ian：beautician美容師／-ant：assistantアシスタント
-ist：artist芸術家，pianistピアニスト／
-er：teacher先生，driver運転手，singer歌手，dancerダンサー

一般動詞の現在形（1）

文の形

I	like	tennis.	（わたしはテニスが好きです。）
He	likes	tennis.	（彼はテニスが好きです。）
I	have	a book.	（わたしは本を持っています。）
She	has	a book.	（彼女は本を持っています。）

働き

・動作や心の状態を表すことばを**一般動詞**という。

・「（ふだんから）～する，～している」という意味がある。

・主語と一般動詞のあとに続く語句は，イコールの関係にならない。

・主語が自分（**I**）と相手（**you**）以外をさす語（３人称）で単数（１人や１つのもの）で現在のことを表すとき，動詞の語尾に **s** か **es** をつける。

単語力 UP

次の（　　　）に入る単語を書きましょう。

■ －s, －esのつけ方

① ほとんどの語がそのまま s をつける。
like→likes, open→(　　　　　　), come→(　　　　　)

② 語尾が s, x, sh, ch, o で終わる語は es をつける。
go→goes, wash→(　　　　　　), watch→(　　　　　)

③ 語尾が「子音字＋y」で終わる語は，y を i にかえて es をつける。
study→studies, cry→(　　　　　)

④ have は特別な変化をする。
have→(　　　　　)

基礎を固めよう

1. 次の日本文に対して，正しい英文はどれですか。記号で答えましょう。

① 彼はテニスが好きです。

　　ア　He like tennis.
　　イ　He likes tennis.　　　　　　　　　　　（　　）

② 彼女は本を持っています。

　　ア　She have a book.
　　イ　She has a book.　　　　　　　　　　　（　　）

2. 次の文を日本語にしましょう。

① I like tennis.
　わたしはテニスが（　　　　　　　　　　　）。

② She likes baseball.
　彼女は野球が（　　　　　　　　　　　）。

③ He has three books.
　彼は（　　　　　　　　　　　　　　　　）。

 主語が3人称単数のとき，haveはhasになるよ。

1. ① イ　② イ
2. ①私はテニスが（好きです）。　②彼女は野球が（好きです）。　③彼は（3冊の本を持っています）。

1 次の動詞に s か es をつけましょう。

① play _____   ② open _____

③ go _____   ④ wash _____

⑤ watch _____   ⑥ study _____

⑦ have _____   ⑧ cry _____

2 次の文の下線部を（　　）の語にかえて文を完成させましょう。

① I̲ watch TV. （ He ）

_____

② Y̲o̲u̲ play basketball. （ Ken ）

_____

③ Y̲o̲u̲ study Chinese. （ She ）

_____

④ H̲e̲ has five stamps. （ I ）
　　　　　　切手

_____

 特に have, study の３単現の形をしっかり覚えよう。

1 次の日本語に合うように，下線部に適切な語を入れましょう。

① 彼は野球が好きです。

He _____ baseball.

② 彼女は学校に行きます。

She _____ to school.

③ クミは車を洗います。

Kumi _____ a car.

④ わたしは英語の先生です。

I _____ an English teacher.

2 次の文を英語にしましょう。

① わたしは車を持っています。

_____

② 彼は本を持っています。
3単現

_____

③ 彼はテレビを見ます。

_____

④ 彼女は英語の先生です。

_____

1人称は自分のこと（I），2人称は相手のこと(you)，
3人称はそれ以外のheなどだよ。

一般動詞の現在形 (2)

基本を学ぼう

We	like	tennis.	（わたしたちはテニスが好きです。）
You	like	tennis.	（あなたたちはテニスが好きです。）
They	like	tennis.	（彼女たちはテニスが好きです。）

働き

・主語が複数の場合は，I や you のときと同じように，動詞は変化しない。

・Kumi and Aki play soccer.（クミとアキはサッカーをします。）
　　複数主語

単語力 UP

このSTEPに出てくる重要語（句）

① play basketball
　　バスケットボールをする

② speak
　　話す

③ come to school
　　学校に来る

④ run
　　走る

⑤ in the evening
　　夕方に

⑥ study
　　勉強する

⑦ watch
　　見る

⑧ teach
　　教える

⑨ on Sundays
　　毎週日曜日に

⑩ hard
　　熱心に

⑪ every day
　　毎日

⑫ play the piano
　　ピアノをひく

基礎を固めよう

1. 次の英文の日本語として適切なものを選び，記号で答えましょう。

① We like soccer.

ア　わたしたちはサッカーが好きです。
イ　あなたたちはサッカーが好きです。　　　　　　　（　　　）

② They play basketball.

ア　彼はバスケットボールをします。
イ　彼らはバスケットボールをします。　　　　　　　（　　　）

2. 次の文を日本語にしましょう。

① We like soccer.
わたしたちは（　　　　　　　　　　　　　　　）。

② You speak English.
あなたたちは（　　　　　　　　　　　　　　　）。

③ They play basketball.
彼らは（　　　　　　　　　　　　　　　）。

④ They like tennis.
彼女らは（　　　　　　　　　　　　　　　）。

解答
1. ① ア　② イ
2. ①わたしたちは（サッカーが好きです）。　②あなたたちは（英語を話します）。
③彼らは（バスケットボールをします）。　④彼女らは（テニスが好きです）。

1 次の文を日本語にしましょう。

① We play the piano on Sundays.

(   )

② You run every day.

(   )

③ They teach English.

(   )

④ They come to school.

(   )

2 次の文を指示に従って書きかえましょう。

I study English.

① 主語 I を Ken にかえた文に。

_____

② 主語 I を Ken and Ben にかえた文に。

_____

③ 主語 I を they にかえた文に。

_____

④ 主語 I を we にかえた文に。

_____

Ken and Ben は 3 人称の複数だよ。
代名詞は they になるよ。

1 次の日本語に合うように，下線部に適切な語を入れましょう。

① わたしたちはピアノをひきます。

We ＿＿＿＿＿＿ ＿＿＿＿＿＿ piano.

② あなたたちは毎日英語を話します。

You ＿＿＿＿＿＿ ＿＿＿＿＿＿ every day.

③ 彼らは夕方にテレビを見ます。

They ＿＿＿＿＿＿ ＿＿＿＿＿＿ in the evening.

④ 彼女らは熱心に英語を勉強します。

They ＿＿＿＿＿＿ ＿＿＿＿＿＿ hard.

2 次の文を英語にしましょう。

① わたしは英語を話します。

＿＿＿＿＿＿＿＿＿＿＿＿＿＿＿＿＿＿＿＿＿＿＿＿＿＿

② あなたは日本語を話します。

＿＿＿＿＿＿＿＿＿＿＿＿＿＿＿＿＿＿＿＿＿＿＿＿＿＿

③ 彼は英語を話します。
主語は3人称単数

＿＿＿＿＿＿＿＿＿＿＿＿＿＿＿＿＿＿＿＿＿＿＿＿＿＿

④ 彼女らは日本語を熱心に話します。

＿＿＿＿＿＿＿＿＿＿＿＿＿＿＿＿＿＿＿＿＿＿＿＿＿＿

youは「あなたは」と「あなたたちは」の意味があるよ。
theyは「彼らは」「彼女らは」の意味があるんだよ。

一般動詞の否定文（現在形）

基本を学ぼう

I like tennis.

I do not like tennis.
（わたしはテニスが好きではありません。）

He likes tennis.

He does not like tennis.
（彼はテニスが好きではありません。）

働き

・「～しません」といいたいときは，動詞の前にdo not, does notを置く。

■主語が１・２人称，複数のとき

do not〔don't〕のあとに一般動詞を続ける。

■主語が３人称単数のとき

「彼は～しません」，「彼女は～しません」のようにいいたいときは，動詞の前にdoes not〔doesn't〕を置く。動詞はもとの形（原形）になる。

単語力 UP

このSTEPに出てくる重要語（句）

① French　　　フランス語

② Chinese　　中国語

③ wash　　　洗う

④ go to the park
　　　　　　　公園に行く

⑤ in the garden
　　　　　　　庭で

⑥ in the park　公園で

⑦ play　　　　遊ぶ

⑧ have　　　　持つ，飼う

⑨ some
　　　　　いくつかの（肯定文）

⑩ any
　　　いくつかの（疑問文・否定文）

基礎を固めよう

1. 次の英文の日本語として適切なものを選び，記号で答えましょう。

① He does not like baseball.

    ア　彼は野球が好きです。
    イ　彼は野球が好きではありません。   （　　　）

② She does not play tennis.

    ア　彼女はテニスをします。
    イ　彼女はテニスをしません。   （　　　）

2. 次の文を日本語にしましょう。

① I don't like tennis.
    <small>do not の短縮形</small>

  わたしは（　　　　　　　　　　　　　　　　）。

② He doesn't like baseball.
    <small>does not の短縮形</small>

  彼は（　　　　　　　　　　　　　　　　）。

③ He doesn't play in the garden.
    <small>in は「〜で」の意味になる。これを前置詞という</small>

  彼は（　　　　　　　　　　　　　　　　）。

④ She doesn't go to the park.
    <small>to は「〜に」の意味</small>

  彼女は（　　　　　　　　　　　　　　　　）。

解答

1. ①イ　②イ
2. ①わたしは（テニスが好きではありません）。　②彼は（野球が好きではありません）。
　③彼は（庭で遊びません）。　④彼女は（公園に行きません）。

41

1 次の文を日本語にしましょう。

① He doesn't have any books.
  not ~ any…「１つも…が~ない」
  (   )

② She doesn't wash the car.
  (   )

③ I don't have a cat.
  飼う
  (   )

2 次の(   )の語〔句〕を並べかえて，意味の通る文にしましょう。

① (speak / Ken / doesn't / Chinese / .)

  _____

② (doesn't / like / she / tennis / .)

  _____

③ (we / study / French / don't / .)

  _____

④ (in the garden / doesn't / Emi / play / .)

  _____

数がはっきりとわからないときは，名詞の前に「いくつかの」という意味の肯定文ではsome，疑問文や否定文ではanyを使うよ。

1 次の文を否定文にしましょう。

① I have some stamps.
someは否定文のとき，anyになる

_____

② He washes the car.

_____

③ Ben speaks Japanese.

_____

④ He has a bag.
原形はhave

_____

2 次の文を英語にしましょう。

① わたしはテニスをしません。

_____

② あなたは公園で野球をしません。

_____

③ 彼は夕方にサッカーをしません。

_____

④ 彼女はかばんを持っていません。

_____

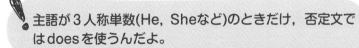 主語が3人称単数(He, Sheなど)のときだけ，否定文ではdoesを使うんだよ。

be動詞の否定文・疑問文でつまずいたら ▶ STEP02, 03 (P.8, P.12)

一般動詞の疑問文（現在形）

基本を学ぼう

文の形

You **like** tennis.

Do you **like** tennis? （あなたはテニスが好きですか。）

Yes, I do. ／ No, I do not. 〔No, I don't.〕

（はい，好きです。）（いいえ，好きではありません。）

He **likes** tennis.

Does he **like** tennis? （彼はテニスが好きですか。）

Yes, he does. ／ No, he does not. 〔No, he doesn't.〕

（はい，好きです。）　　（いいえ，好きではありません。）

働き

・「～しますか」のように，具体的な動作や状態をたずねたいときは，
「Do（Does）＋主語～？」になる。

■主語が1・2人称，複数のとき
Do ～？を使う。答えるときはYes, ～ do.かNo, ～ do not〔don't〕.になる。

■主語が3人称単数のとき
Does ～？を使ってたずねるときは，動詞はもとの形（原形）になる。
Yes, ～ does.かNo, ～ does not〔doesn't〕.で答える。答えの文では主語がhe, she, itを使う。

単語力 UP

次の動詞にsかesをつけましょう。

① come
② study
③ wash
④ go
⑤ play
⑥ watch
⑦ speak
⑧ cry
⑨ like
⑩ open

基礎を固めよう

1. 次の英文の日本語として適切なものを選び，記号で答えましょう。

① Does he like baseball?

　　ア　彼は野球が好きですか。

　　イ　彼は野球が好きではありません。　　　　　　　（　　　）

② Does she speak English?

　　ア　彼女は中国語を話しますか。

　　イ　彼女は英語を話しますか。　　　　　　　　　（　　　）

2. 次の文を日本語にしましょう。

① Does he like baseball?　　—Yes, he does.
　　彼は（　　　　　　　　　　　　）。—はい，（　　　　　　　　）。

② Does she write in English?　—No, she doesn't.
　　　　　　　　書く　　　　～で
　　彼女は（　　　　　　　　　　　）。—いいえ，（　　　　　　）。

③ Do you read a book?　　　—Yes, I do.
　　　　　　　読む
　　あなたは（　　　　　　　　　　）。—はい，（　　　　　　　）。

④ Does she speak Chinese?　—No, she doesn't.
　　彼女は（　　　　　　　　　　　）。—いいえ，（　　　　　　）。

> ！ Do にesがついているので，動詞の(e)sがなくなるんだよ。

解答

1. ①　ア　　②　イ
2. ①彼は（野球が好きですか）。—はい，（好きです）。
　②彼女は（英語で書きますか）。—いいえ，（書きません）。
　③あなたは（本を読みますか）。—はい，（読みます）。
　④彼女は（中国語を話しますか）。—いいえ，（話しません）。

1 次の文を日本語にしましょう。

① Does he teach Japanese?　—Yes, he does.
(　　　　　　　　　　) (　　　　　　　　)

② Do you have a car?　　　—No, I don't.
(　　　　　　　　　　) (　　　　　　　　)

③ Does he write in Chinese?　—Yes, he does.
(　　　　　　　　　　) (　　　　　　　　)

④ Do you play soccer?　　　—No, I don't.
(　　　　　　　　　　) (　　　　　　　　)

2 次の(　　)の語[句]を並べかえて，意味の通る文にしましょう。

① (he / English / does / study / ?)

_____

② (does / play / she / every day / tennis / ?)

_____

③ (Emi / basketball / does / like / ?)

_____

—(doesn't / no / she / , / .)

_____

リピートプリント ⑳

1 次の文を疑問文にして，（　）の語で答えましょう。

① You have some bags.　　　　　(Yes)
someは疑問文では，anyになる

_____　—　_____

② She studies English.　　　　　(No)
原形がくる

_____　—　_____

③ He teaches Chinese.　　　　　(Yes)
原形がくる

_____　—　_____

2 次の文を英語にしましょう。

① 彼はフランス語を話しますか。　　　—はい，話します。

_____　—　_____

② 彼女は熱心に英語を勉強しますか。　—いいえ，勉強しません。

_____　—　_____

③ ケン(Ken)は毎日図書館に行きますか。

_____

—はい，行きます。

—　_____

  質問でKenがくれば，その答えはheがくるんだよ。

1 次の文の下線部に,（　　）の中から適切な語を選んで書きましょう。

(各3点×4＝12点)

① He _____ to school.　　(go, gos, goes)

② Does she _____ English?　(study, studis, studies)

③ You _____ play tennis.　(aren't, don't, doesn't)

④ They _____ doctors.　(aren't, don't, doesn't)

2 次の文を否定文にしましょう。

(各3点×4＝12点)

① He is a student.

_____

② She studies French.

_____

③ They have some books.

_____

④ Mike has an apple.

_____

3 次の文を疑問文にして,（　　）の語で答えましょう。（各3点×4＝12点）

① He plays baseball.　　　　　(Yes)

_____　—　_____

② She studies English.　　　　 (No)

_____　—　_____

③ They come to school.　　　　(Yes)

_____　—　_____

④ They are teachers.　　　　　(No)

_____　—　_____

4 次の（　　）の語を並べかえて，日本語に合う文にしましょう。

（各3点×4＝12点）

① わたしはテレビを見ます。(watch / I / TV / .)

_____

② ケンは中国語を話しません。(speak / Ken / doesn't / Chinese / .)

_____

③ 彼らは英語を教えますか。(teach / English / they / do / ?)

_____

④ 彼女らはテニスをします。(tennis / play / they / .)

_____

5 次の文は現在の文です。下線部に（　）の語を必要に応じて
適切な形にかえましょう。　　　　　　　　（各3点×4＝12点）

① You _____ in the park. 　(run)

② He _____ a book. 　(have)

③ She _____ to school. 　(go)

④ They _____ French. 　(study)

6 次の文は現在の文です。下線部に□□から適する語を選び，
必要に応じて適切な形にかえましょう。　（各3点×4＝12点）

① He _____ Japanese.

② She _____ tennis.

③ Kumi _____ TV.

④ They _____ a car.

wash	play	speak	watch

7 次の文を（　　）の指示に従って書きかえましょう。　(各4点×4＝16点)

① You have some bikes.　　　　（否定文に）

_____

② He plays tennis in the park.（疑問文に）

_____

③ I study English.　　　　　　（下線部をHeにかえた文に）

_____

④ I study Japanese.　　　　　　（下線部をTheyにかえた文に）

_____

8 次の単語の月名を書きましょう。　(各1点×12＝12点)

① June　　　　（　　　　　　）　② January　　（　　　　　　）

③ July　　　　（　　　　　　）　④ December　（　　　　　　）

⑤ February　（　　　　　　）　⑥ May　　　　（　　　　　　）

⑦ August　　（　　　　　　）　⑧ November　（　　　　　　）

⑨ March　　　（　　　　　　）　⑩ April　　　　（　　　　　　）

⑪ September（　　　　　　）　⑫ October　　（　　　　　　）

Did you know?

いちばん短い月は？と尋ねられたら，February って答えるよね。でも，これがなぞなぞだったら，答えはMayです！どうしてって？それはMayは3文字でいちばん短いからよ。

人称代名詞

基本を学ぼう

> I　　　　　am a teacher.　（わたしは先生です。）
>
> 主格〈主語に用いられるときの形（格）〉→「～は（が）」
>
> ---
>
> His name is Ken.　　　（彼の名前はケンです。）
>
> 所有格〈名詞の前に用いられるときの形（格）〉→「～の」
>
> ---
>
> I　　　　　like you.　　（わたしはあなたを好きです。）
>
> 目的格〈動詞のあとに用いられるときの形（格）〉→「～を（に）」

> ・代名詞は，会話や文章の中ですでに出てきた人やものの名前を再び表すとき
> に用いる語。
> ・代名詞は，置く場所によって形を変えなければならない。

		単数			複数	
	～は／～が 主格	～の 所有格	～を／～に 目的格	～は／～が 主格	～の 所有格	～を／～に 目的格
1人称	I	my	me	we	our	us
2人称	you	your	you	you	your	you
3人称	he	his	him	they	their	them
	she	her	her			
	it	its	it			
	Ken	Ken's	Ken	—	—	—

itsはitの所有格だね。it'sはit isの短縮形だよ。
間違えないようにね。

基 礎 を 固 め よ う

1. 次の日本文に対して，正しい英文はどれですか。記号で答えましょう。

① わたしは彼を知っています。

　　ア I know him.
　　イ I know he.　　　　　　　　　　　　　　　（　　　）

② これはわたしの本です。

　　ア This is my book.
　　イ This is I book.　　　　　　　　　　　　（　　　）

2. 次の文を下線部に注意して，日本語にしましょう。

① <u>He</u> is a student.

　（　　　　　　　　　　）生徒です。

② This is <u>your</u> pencil.
　これは（　　　　　　　　　　）です。

③ I know <u>her</u>.
　　　知っている
　わたしは（　　　　　　　　　　）知っています。

④ She sees <u>him</u>.
　　　会う，見る
　彼女は（　　　　　　　　　　）会います。

1人称は自分，2人称は相手，3人称は自分と
相手以外の人や物をさすよ。

1. ① ア　② ア
2. ①（彼は）生徒です。　　　　　　　②これは（あなたの鉛筆）です。
　 ③わたしは（彼女を）知っています。　④彼女は（彼に）会います。

1 次の文の下線部に, ( )の中から適切な語を選んで書きましょう。

① Is _____ pen new? (you, your)
新しい

② This is my cat. I like _____ very much. (it, its)
とても

③ This is my dog. _____ name is Pochi. (It's, Its)
名前

④ _____ run in the park. (We, Our, Us)

2 次の日本語に合うように, 下線部に適切な語を入れましょう。

① 彼女は日本人です。

_____ is Japanese.

② 彼の名前はケンです。

_____ name _____ Ken.

③ わたしたちは彼女をとてもよく知っています。

We know _____ very well.

④ わたしは彼女らと毎日会います。

I see _____ every day.

1 次の文の下線部を適切な人称代名詞に書きかえましょう。

① I like <u>Ken</u>.
ケンを⇒目的格

② <u>Emi</u> is a Japanese girl.
エミは⇒主格

③ I have a dog. <u>The dog</u> is big.
その犬は⇒主格

④ <u>The dog's</u> name is Pochi.
その犬の⇒所有格

2 次の文を英語にしましょう。

① 彼はわたしの先生です。

_____

② わたしは彼らを知っています。

_____

③ メアリー(Mary)は彼に会います。
　　　　　　　　　　　　see

_____

④ こちらはわたしの友だちです。

_____

 The dog is big. (その犬は大きいです) の the は
特定のものを指して「その」という意味があるんだ。

STEP 12 命令文

基本を学ぼう

文の形

	Run	.	（走りなさい。）
Please	run	.	（どうぞ，走ってください。）
Don't	run	.	（走ってはいけません。）
Let's	run	.	（走りましょう。）
Be	kind	.	（親切にしなさい。）

働き

- 「～しなさい」と指示したり命令したりしたいときは，主語を使わないで動詞の原形（もとの形）で始める。
- 命令文の前またはうしろにplease（どうぞ）をつけると，「～してください」となり，命令の調子を和らげ丁寧にお願いを伝えることができる。
- 相手に「～してはいけません」と禁止したいときは，Don'tで文を始め，そのあとに動詞の原形を続けていう。
- 「～をしよう」と誘ったり，提案したいときは，Let'sを使う。Let'sのあとに動詞の原形を続ける。
- be動詞の命令文は，Be ～ . の形になる。「～でいなさい」という意味。

単語力 UP

このSTEPに出てくる重要語（句）

①	kind	親切な
②	let's	～しよう
③	please	どうぞ
④	sing	歌う
⑤	open	開ける
⑥	help	手伝う
⑦	close	閉める
⑧	door	ドア
⑨	song	歌
⑩	dish	皿

56

基礎を固めよう

1. 次の英文の日本語として適切なものを選び，記号で答えましょう。

① Go to the park.

　ア　公園に行きます。
　イ　公園に行きなさい。　　　　　　　　　　　　　（　　　）

② Please help me.

　ア　どうぞ，わたしを手伝ってください。
　イ　どうぞ，わたしを手伝いなさい。　　　　　　　（　　　）

2. 次の文を日本語にしましょう。

① Sing a song.
　歌を（　　　　　　　　　　　　　　　　）。

② Let's close the window.
　窓を（　　　　　　　　　　　　　　　　）。

③ Please open the door.
　どうぞ（　　　　　　　　　　　　　　　　）。

 please は文の初めでもあとでもOK。あとの場合は please の前にコンマ(,)がいるよ。

1. ① イ　② ア
2. ①歌を（歌いなさい）。　　②窓を（閉めましょう）。　　③どうぞ(ドアを開けてください)。

リピートプリント ㉓

1 次の文を日本語にしましょう。

① Study hard.

( )

② Let's study English.

( )

③ Please help her.

( )

④ Be kind.
be動詞の命令文⇒be（原形）で始める

( )

2 次の文の下線部に（　　）の中から適する語を選び，それを書きましょう。

① _____ the dishes.　（ You , Please , Wash ）

② _____ close the window. (Do , Please , Not)

③ _____ run in the garden.　(Don't , Do , Does)

④ _____ play tennis.　　（ Do , Be , Let's ）

 kindは形容詞。形容詞を命令にするときの動詞を考えよう。

1 次の文を指示に従って書きかえましょう。

You go.

① 命令文「行きなさい」という文に。

_____

② 命令文「行きましょう」という文に。

_____

③ 命令文「どうぞ，行ってください」という文に。

_____

④ 否定の命令文「行ってはいけません」という文に。

_____

2 次の文を英語にしましょう。

① 歌を歌いなさい。

_____

② 歌を歌いましょう。

_____

③ どうぞ，歌を歌ってください。

_____

④ 彼女は歌を歌います。
　　3単現に注意

_____

現在進行形(1)

文の形

I		play	tennis.	
I	am	playing	tennis.	（わたしは（今）テニスをしています。）
We		play	tennis.	
We	are	playing	tennis.	（わたしたちは（今）テニスをしています。）
He		plays	tennis.	
He	is	playing	tennis.	（彼は（今）テニスをしています。）

働き

・「主語 ＋ be動詞の現在形 ＋ 動詞のing形」の形を現在進行形という。

・「(今) ～しています」のように，ある動作をしている最中であることを
伝えたいときは，〈be動詞の現在形＋動詞のing形〉を使う。

単語力 UP

次の（ ）の中に，動詞のing形を書きましょう。

■動詞のing形の作り方

① 動詞にそのままingをつける。

　　play→playing, study→(   ), read→(   )

② 語尾がeで終わっている場合は，eをとってingをつける。

　　make→making, write→(   ), use→(   )

③ 語尾が「短母音＋子音字」の場合は，最後の文字を重ねてingを
つける。

　　run→running, swim→(   ), sit→(   )

基礎を固めよう

1. 次の日本文に対して，正しい英文はどれですか。記号で答えましょう。

① わたしは野球をしています。

ア I play baseball.
イ I am playing baseball.　　　　　　　（　　）

② 彼は英語を勉強しています。

ア He is studying English.
イ He is study English.　　　　　　　（　　）

2. 次の文を日本語にしましょう。

① I play soccer.

わたしは（　　　　　　　　　　　　　）。

② I am playing soccer.

わたしは（　　　　　　　　　　　　　）。

③ We are making the box.

わたしたちは箱を（　　　　　　　　　　　　）。

 現在進行形は「〜しています」，「〜しているところです」と日本語にするんだね。

1. ① イ　② ア
2. ①わたしは（サッカーをします）。　　②わたしは（サッカーをしています）。
　③わたしたちは箱を（作っています）。

61

1 次の文を日本語にしましょう。

① I write a story.
　　現在形　　　　　　小説

(　　　　　　　　　　　　　　　　　　　　)

② He is writing a story.
　　現在進行形

(　　　　　　　　　　　　　　　　　　　　)

③ He listens to music.
　　現在形

(　　　　　　　　　　　　　　　　　　　　)

④ He is listening to music now.
　　現在進行形　　　　　　　　　今

(　　　　　　　　　　　　　　　　　　　　)

2 次の文に適切なbe動詞を入れて,（　　）の語は適する形にしましょう。

① I ＿＿＿＿＿＿ (swim) in the pool.

＿＿＿＿＿＿＿

② You ＿＿＿＿＿＿ (run) in the park.

＿＿＿＿＿＿＿

③ She ＿＿＿＿＿＿ (study) French.

＿＿＿＿＿＿＿

④ They ＿＿＿＿＿＿ (eat) lunch.

＿＿＿＿＿＿＿

1 次の文の文末にnowを入れて，現在進行形の文にしましょう。

① I watch TV.

_____

② He makes the bench.
　　　　　　　　　ベンチ

_____

③ Kumi studies English.
　　　study に ing をつける

_____

④ Emi and Kumi study English.
Emi and Kumi ⇒ 複数

_____

2 次の文を英語にしましょう。

① わたしはこの鉛筆を使います。
　現在形　　　　　this pencil

_____

② あなたはこのペンを使っています。
　現在進行形 ⇒ be 動詞を忘れるな！

_____

③ 彼は川で泳いでいます。

_____

④ 彼女らはサッカーをしています。

_____

 swimの現在進行形はmを重ねてswimmingに
なるよ。

STEP 14 現在進行形(2)

基本を学ぼう

文の形

You are playing tennis.

Are you playing tennis?（あなたは(今)テニスをしていますか。）

Yes, I am. / No, I am not.〔No, I'm not.〕

　　　　　　　（はい，しています。／ いいえ，していません。）

I am not playing tennis.（わたしは(今)テニスをしていません。）

働き

・「〜していますか」と今していることをたずねたいときは，be動詞で文を始める。答えるときもbe動詞を使う。

■ （主語＋be動詞）の短縮形

・現在進行形の疑問文にNoで答えるときは，No, I'm not.のように，（主語＋be動詞）の短縮形を使うこともできる。

・I am→I'm　　you are→you're　　he is→he's　　she is→she's

 「like　〜が好きである」などのように状態を表す動詞は進行形にはできないんだよ。

単語力 UP

動詞のing形を書きましょう。

① study

② read

③ speak

④ make

⑤ use

⑥ write

⑦ swim

⑧ run

⑨ sit

⑩ play

基礎を固めよう

1. 次の英文の日本語として適切なものを選び，記号で答えましょう。

① Are you playing baseball?

ア　あなたは野球をしています。
イ　あなたは野球をしていますか。　　　　　　　　（　　）

② I am not playing soccer.

ア　わたしはサッカーをしません。
イ　わたしはサッカーをしていません。　　　　　　（　　）

2. 次の文を日本語にしましょう。

① Are you studying English?　　—Yes , I am.
あなたは英語を（　　　　　　　　　　　）。—はい，（　　　　　　　）。

② Is he reading a book ?　　—No , he is not.
彼は本を（　　　　　　　　　　　）。—いいえ，（　　　　　　　）。

③ We are not speaking French.
わたしたちはフランス語を（　　　　　　　　　　　　　　）。

④ They are not making the box.
彼らは箱を（　　　　　　　　　　　　　）。

1. ① イ　② イ
2. ①あなたは英語を（勉強していますか）。—はい，（勉強しています）。
②彼は本を（読んでいますか）。—いいえ，（読んでいません）。
③わたしたちはフランス語を（話していません）。
④彼らは箱を（作っていません）。

1 次の文を日本語にしましょう。

① Are you using this pencil?
この鉛筆
(   )

—No , I'm not.
I am の短縮形
—(   )

I'm not using this pencil.
(   )

② Does he write a story?
(   )

—No , he doesn't.
—(   )

He doesn't write a story.
(   )

2 次の(   )の語〔句〕を並べかえて，意味の通る文にしましょう。

① (in the river / isn't / she / swimming / .)

_____

② (Ken / in the park / is / running / ?)

_____

—(he / yes / is / , / .)

—_____

1 次の文を現在進行形の文にしましょう。

① Bob sits on the bench.
　　　　　　　　　　　ベンチ

Bob _____ _____ on the bench.

② Nancy doesn't speak Japanese.

Nancy _____ _____ Japanese.
　　　短縮形

③ We don't run in the ground.

We _____ _____ in the ground.

④ Do you speak English?

_____ you _____ English?
be動詞が文の初めにくる

2 次の文を英語にしましょう。

① 彼は毎日テニスをします。
現在形 ⇒ 3単現に注意

_____

② 彼は公園でテニスをしていません。

_____

③ あなたは公園で走っていますか。　　—はい，走っています。

_____ — _____

④ メアリー(Mary)はベンチにすわっていますか。　—いいえ，すわっていません。
　　　　　　　on a bench

_____ — _____

Mary は女性だから，その答えは she がくるんだよ。

確認テスト3

1 次の下線部を適切な人称代名詞に書きかえましょう。

(各2点×5＝10点)

① <u>Ken</u> runs in the park.　　　　　_____

② Do you know <u>Hayato</u>?　　　　_____

③ I see <u>Kumi</u>.　　　　　　　　_____

④ I know <u>Ken and Hayato</u>.　　　_____

⑤ This is <u>Kumi's</u> pencil.　　　_____
　　　　クミの（所有格）

2 次の文の下線部に,（　　）の中から適切な語を選んで書きましょう。

(各3点×3＝9点)

① _____ like tennis.　　　（ We , Our , Us ）

② This is my dog. _____ name is Pochi. (It , Its)

③ This is my cat. I like _____ very much. (it , its)

3 次の文を日本語にしましょう。　　　　　　　　　　（各4点×4＝16点）

① Don't run.

(　　　　　　　　　　　　　　　　　　　　　　)

② I'm playing the guitar.

(　　　　　　　　　　　　　　　　　　　　　　)

③ We aren't reading English books.

(　　　　　　　　　　　　　　　　　　　　　　)

④ Are they helping her?　　　—Yes , they are.

(　　　　　　　　　　　　) —(　　　　　　　　　　)

4 次の文の文末にnowを入れて現在進行形の文にしましょう。

（各4点×4＝16点）

① I play soccer.

_____

② You make the bench.

_____

③ Hayato swims in the river.

_____

④ You and I play baseball.

_____

5 次の現在進行形の文を現在の文にしましょう。　　（各4点×3＝12点）

① I am helping him.

_____

② He is studying Japanese.

_____

③ We aren't playing the piano.

_____

6 次の文を指示に従って書きかえましょう。　　（各4点×4＝16点）

　　　You study English.　・・・（　A　）

① A の文の主語 You を He にかえた文に。

_____

② A の文を命令文に。

_____

③ A の文を否定文の命令文に。

_____

④ A の文を現在進行形の文に。

_____

7 次の（　　）の語〔句〕を並べかえて，日本語に合う文にしましょう。

(各4点×3＝12点)

① あなたの友だちに親切にしなさい。

(kind / to / your friend / be / .)
be 動詞の命令文

_____

② 彼は今，英語の小説を書いています。

(an English story / he / writing / now / is / .)

_____

③ わたしたちは彼女をとてもよく知っています。

(we / very / well / her / know / .)

_____

8 次の文の下線部に適切な語を入れて，対話文を完成させましょう。

(各3点×3＝9点)

① A : Is that a picture ?

B : Yes , _____ is .

② A : _____ you go to the park ?

B : Yes , I do .

③ A : _____ you studying French ?

B : Yes , I am.

Did you know?

英語のなぞなぞです。ゾウの中に小さな動物がいるわよ。それは何でしょう。ゾウは英語でelephant。単語の中にantがいますね。
正解はant（アリ）です。

STEP 15 助動詞 can

基本を学ぼう

文の形

I　　　　swim　in　the　river.

I　can　swim　in　the　river.（わたしは川で泳ぐことができます。）

He　　　　swims　in　the　river.

He　can　swim　in　the　river.（彼は川で泳ぐことができます。）

働き

・「〜することができる」といいたいときは，「主語＋can＋動詞の原形」の形になる。
・canは動詞の前に入れる。canは主語が何であっても形は変わらない。
・動詞の働きを助けて意味を付け加える語を助動詞という。

単語力 UP

このSTEPに出てくる重要語（句）

① well	上手に	⑦ early	早く
② sea	海	⑧ Ms(.)〜	〜先生，〜さん
③ Mr(.)〜	〜先生，〜さん	⑨ ski	スキーをする
④ fast	速く	⑩ read	読む
⑤ volleyball	バレーボール	⑪ swim	泳ぐ
⑥ skate	スケートをする	⑫ get up	起きる

基礎を固めよう

1. 次の英文の日本語として適切なものを選び，記号で答えましょう。

① I can swim in the river.

    ア　わたしは川で泳ぎます。
    イ　わたしは川で泳ぐことができます。　　　　　　　　（　　　）

② He can swim in the sea.

    ア　彼は海で泳ぐことができます。
    イ　彼は海で泳ぐことができません。　　　　　　　　（　　　）

2. 次の文を日本語にしましょう。

① I can play volleyball.
  わたしはバレーボールを（　　　　　　　　　　　　　　）。

② You can get up early.
  あなたは早く（　　　　　　　　　　　　　）。

③ He can run fast.
  彼は速く（　　　　　　　　　　　　　）。

④ They can speak Japanese well.
  彼らは上手に（　　　　　　　　　　　　　　）。

 解答

1. ① イ　② ア
2. ①わたしはバレーボールを（することができます）。　　②あなたは早く（起きることができます）。
　 ③彼は速く（走ることができます）。　　　　　　　　　　④彼らは上手に（日本語を話すことができます）。

1 次の文を日本語にしましょう。

① I play tennis well.

( )

② He can play the piano well.

( )

③ They can play the guitar very well.

( )

2 次の日本語に合うように，下線部に適切な語を入れましょう。

① わたしはとても上手にスキーをすることができます。

I _____ ski very well.

② あなたはとても上手にスケートをすることができます。

You _____ _____ very well.

③ わたしたちはとても速く泳ぐことができます。

We _____ swim _____ _____.

④ スミス先生は上手に英語を教えることができます。
      teach

Mr. Smith _____ _____ English well.

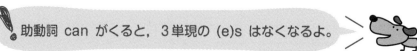
助動詞 can がくると，3単現の (e)s はなくなるよ。

1 次の文を can を使った文に書きかえましょう。

① I speak English very well.

_____

② You wash the car very well.

_____

③ Mr. Smith helps him.
動詞の原形がくる

_____

④ Ms. Green swims in the sea.

_____

2 次の文を英語にしましょう。

① わたしは速く走ることができます。

_____

② あなたは英語を教えることができます。

_____

③ 彼は野球を上手にすることができます。

_____

④ 彼女は早く起きます。
3単現に注意

_____

16 助動詞 can の否定文・疑問文

基本を学ぼう

I can't(cannot) swim in the river.

(わたしは川で泳ぐことができません。)

Can you swim in the river?

(あなたは川で泳ぐことができますか。)

Yes, I can . / No, I can't . 〔No, I cannot .〕

(はい，できます。／いいえ，できません。)

働き

・「~することができません」といいたいときは，「主語＋can't〔cannot〕＋動詞の原形」の形になる。

・「~することができますか」といいたいときは，「Can＋主語＋動詞の原形?」の形になる。

・Can ~?に対して「はい」ならYes, ~ can.で，「いいえ」なら No, ~ can't〔cannot〕.で答える。

単語力 UP

	このSTEPに出てくる重要語(句)			
① ship	船	⑥ make	作る
② use	使う	⑦ birthday cake	誕生日ケーキ
③ cook	料理をする	⑧ work	働く
④ dinner	夕食	⑨ store	店
⑤ here	ここで	⑩ flute	フルート
		⑪ clean	そうじする

基礎を固めよう

1. 次の日本文に対して，正しい英文はどれですか。記号で答えましょう。

① あなたは野球をすることができますか。

ア You can play baseball.
イ Can you play baseball? （　　）

② わたしは彼女を手伝うことができません。

ア I can help her.
イ I cannot help her. （　　）

2. 次の文を日本語にしましょう。

① I cannot speak Chinese.
わたしは中国語を（　　　　　　　　　　　　）。

② Can you see the ship?　　　　—Yes, I can.
あなたはその船を（　　　　　　　　　）。—はい，（　　　　　　　）。

③ Can he use the computer?　　　—No, he can't.
彼はそのコンピューターを（　　　　　　　）。—いいえ，（　　　　　）。

④ We can't cook dinner here.
わたしたちはここで（　　　　　　　　　　）。

1. ① イ　② イ
2. ①わたしは中国語を（話すことができません）。
   ②あなたはその船を（見ることができますか）。—はい，（できます）。
   ③彼はそのコンピューターを（使うことができますか）。—いいえ，（できません）。
   ④わたしたちはここで（夕食を作ることができません）。

1 次の文を日本語にしましょう。

① Can you make a birthday cake?

(   )

② Can he work in the store?

(   )

③ We cannot speak Japanese well.

(   )

2 次の文を（　）の指示に従って書きかえましょう。

① I cook lunch.　　　　　　　　（can't を使った文に）

_____

② He swims fast.　　　　　　　　（cannot を使った文に）

_____

③ Ken and Mike speak Japanese. （can を使って疑問文に）

_____

④ They play the flute.　　　　　（can を使って疑問文に）

_____

1 次の文の下線部に適切な語を入れて，対話文を完成させましょう。

① A : ＿＿＿＿＿＿＿ you a teacher?

B : Yes, I am.

② A : ＿＿＿＿＿＿＿ she cook breakfast?

B : No, she doesn't.

③ A : ＿＿＿＿＿＿＿ he speak French?

B : Yes, he can.

④ A : Can Ken clean the room?

B : No, ＿＿＿＿＿＿＿ can't.

2 次の文を英語にしましょう。

① わたしは速く歩くことができません。

＿＿＿＿＿＿＿＿＿＿＿＿＿＿＿＿＿＿＿＿＿＿＿＿＿＿＿＿

② わたしたちはこのいすを使うことができますか。
複数

＿＿＿＿＿＿＿＿＿＿＿＿＿＿＿＿＿＿＿＿＿＿＿＿＿＿＿＿

― いいえ，できません。

― ＿＿＿＿＿＿＿＿＿＿＿＿＿＿＿＿＿＿＿＿＿＿

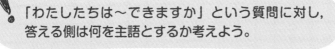

「わたしたちは〜できますか」という質問に対し，
答える側は何を主語とするか考えよう。

it の使い方

文の形

What time is it now?	（今，何時ですか。）
It is[It's] seven.	（7時です。）
What day is it today?	（今日は何曜日ですか。）
It is[It's] Monday.	（月曜日です。）
What's the date today?	（今日は何月何日ですか。）
It is[It's] May 6.	（5月6日です。）

働き

- 「何時ですか」のように時刻をたずねたいときは，**What time is it?** という。
- 「～時…分」というときは **It is ～.** を使って「時」「分」の順番で数を並べる。
- **it is** の短縮形 **it's** もよく使われる。
- 時刻や季節，天候，曜日，寒暖，日付をいうときは，**it** を主語にする。このitには「それ」という意味はない。

単語力 UP

このSTEPに出てくる重要語句

① in the morning　朝に，午前に

② in the afternoon　午後に

③ in the evening　夕方に

① Monday	月曜日
② Tuesday	火曜日
③ Wednesday	水曜日
④ Thursday	木曜日
⑤ Friday	金曜日
⑥ Saturday	土曜日
⑦ Sunday	日曜日

1月 January	2月 February	3月 March	4月 April
5月 May	6月 June	7月 July	8月 August
9月 September	10月 October	11月 November	12月 December

基礎を固めよう

1. 次の英文の日本語として適切なものを選び，記号で答えましょう。

① What day is it today?

    ア　今日は何曜日ですか。
    イ　今日は何月何日ですか。   （　　　）

② What is the date today?

    ア　今日は何曜日ですか。
    イ　今日は何月何日ですか。   （　　　）

2. 次の文を日本語にしましょう。

① What time is it now?　　—It is ten.
（　　　　　　　　　　　）—（　　　　　　　　　　）

② What day is it today?　　—It is Monday.
（　　　　　　　　　　　）—（　　　　　　　　　　）

③ What is the date today?　—It is January 1.
（　　　　　　　　　　　）—（　　　　　　　　　　）

④ Is it seven thirty?　　　—Yes, it is.
（　　　　　　　　　　　）—（　　　　　　　　　　）

解答

1. ① ア　② イ
2. ①今，何時ですか。—10時です。　　　　②今日は何曜日ですか。—月曜日です。
　　③今日は何月何日ですか。—1月1日です。　④7時30分ですか。—はい，そうです。

時刻，曜日，日付を表すときの it は
日本語にしないんだよ。

1 次の文を日本語にしましょう。

① What day is it today? —It's Wednesday.

(　　　　　　　　　)—(　　　　　　　　　　)

② What time do you get up? —I get up at seven thirty.

~に

(　　　　　　　　　)—(　　　　　　　　　　)

③ What time does he go to bed? —He goes to bed at eleven.

寝る

(　　　　　　　　　)—(　　　　　　　　　　)

④ What time is it now?　—It's nine o'clock in the morning.

(　　　　　　　　　)—(　　　　　　　　　　)

2 次の日本語に合うように，下線部に適切な語を入れましょう。

① 今3時ですか。

Is _____ three _____ now?

時刻がちょうどの時につき，省略もできる。

—はい，そうです。

—Yes, _____ is.

② 今日は何月何日ですか。

_____ is the _____ today?

—3月7日です。

—_____ March 7.

date は「日付」を表すので，「何月何日」
と答えるんだよ。

1 次の下線部に適切な語を書き入れて，時刻を表す英文を完成させましょう。

① 午前8時30分です。

It's _____ _____ in _____ _____.

② 午前11時50分です。

It's _____ _____ in _____ _____.

③ 午後3時40分です。

It's _____ _____ in _____ _____.

④ 午後5時です。

It's _____ _____ in _____ _____.

2 次の文を英語にしましょう。

① あなたは何時に寝ますか。

_____

—— わたしは10時30分に寝ます。

_____

② 今日は木曜日です。

_____

③ 今日は何月何日ですか。

_____

「ちょうど」のときは「〜時」で o'clock を使うんだ。
省略してもOKだよ。

確認テスト4

1 次の問いに対する答えを(ア)～(オ)から選び，その記号を
（　　）に書きましょう。　　　　　　　　　　　　(各2点×5＝10点)

① What time is it?　　　　　　　　　　　　　（　　　）

② What time does she get up?　　　　　　　（　　　）

③ What day is it today?　　　　　　　　　　（　　　）

④ What is the date today?　　　　　　　　　（　　　）

⑤ Is it ten ten?　　　　　　　　　　　　　　（　　　）

(ア) It's June 10.　　　　　　　　(イ) It's Thursday.
(ウ) It's eleven in the morning.　(エ) Yes, it is.
(オ) She gets up at seven.

---

2 次の文を日本語にしましょう。　　　　　　　(各3点×3＝9点)

① It's seven in the afternoon.
（　　　　　　　　　　　　　　　　　　　　　　　　　　）

② He can speak Japanese well.
（　　　　　　　　　　　　　　　　　　　　　　　　　　）

③ They can't dance well.
（　　　　　　　　　　　　　　　　　　　　　　　　　　）

3 次の文をcanを使って書きかえましょう。

① I play tennis.

_____

② He swims in the sea.

_____

③ Do you make a birthday cake?

_____

④ She doesn't run in the garden.

_____

4 次の日本語は英語に，英語は日本語にしましょう。

① 1番目 (   )   ② 5番目 (   )

③ 9番目 (   )   ④ 12番目 (   )

⑤ second (   )   ⑥ third (   )

⑦ sixth (   )   ⑧ tenth (   )

5 次の文の(　　)の中から適切な語を選び，その記号を書きましょう。

(各4点×4＝16点)

① We can (ア speaks イ speak ウ speaking) English well.

（　　）

② (ア Does イ Are ウ Can) you play the piano?

（　　）

③ They (ア aren't イ doesn't ウ can't) run fast.

（　　）

④ She (ア is イ are ウ can) playing tennis now.

（　　）

6 次の(　　)の語を並べかえて，日本語に合う文にしましょう。

(各4点×3＝12点)

① 彼女は英語の本を読むことができます。
(she / English / read / book / can / an / .)

_____

② 今日は何曜日ですか。
(today / it / is / what / day / ?)

_____

③ 今日は何月何日ですか。
(the / today / date / is / what / ?)

_____

7 次の文を（　　）の指示に従って書きかえましょう。**(各4点×3＝12点)**

① You go.　　　　　　　　（命令文に）

_____

② He goes to the park. （否定文に）

_____

③ Ken can speak English. （疑問文にして，Noで答える）

_____ ― _____

8 次の文を英語にしましょう。　　　　　　　　　　　**(各3点×3＝9点)**

① 彼は歌を歌うことができますか。

_____

② 彼女はフルートを吹くことができますか。
　　　　　　flute

_____

③ 彼らは速く走ることができません。

_____

Did you know?

昆虫の中で，アルファベットの1文字と同じ発音のものがあるのよ。
答えはミツバチ！アルファベットのbとミツバチのbee[ビー]は同じ発音
なのよ。

18 These(Those) are 〜.

基本を学ぼう

文の形

This	is	a	book.
↓	↓		
These	are	two	books.	（これらは2冊の本です。）

That	is	an	apple.
↓	↓		
Those	are	two	apples.	（あれらは2個のりんごです。）

働き

- these「これら」はthisの複数形。those「あれら」はthatの複数形。
- 主語が複数形の場合はareを用いる。
- be動詞areの後は，2つ以上の物や2人以上の人を表す名詞の**複数形**を用いる。

単語力 UP

次の（　）に入る単語を書きましょう。

■名詞の複数形の作り方

① ほとんどの名詞は語尾にsだけをつける。

book→books, apple→（　　　　　）

② 語尾がs, x, sh, ch, oで終わる語はesをつける。

bus→buses, box→（　　　　　）

③ 語尾が「子音字＋y」で終わる語は，yをiにかえてesをつける。

lily→lilies, dictionary→（　　　　　）

④ f,feで終わる語はf, feをvにかえてesをつける。

knife→knives, leaf→（　　　　）

⑤ 不規則な変化をする語もある。

man→men, woman→women, child→（　　　　　）

基礎を固めよう

1. 次の英文の日本語として適切なものを選び，記号で答えましょう。

① These are boxes.

ア これらは箱です。
イ あれらは箱です。 （　　）

② Those are books.

ア これらは本です。
イ あれらは本です。 （　　）

2. 次の文を日本語にしましょう。

① These are buses.
（　　　　　　　　　　　　）バスです。

② These are lilies.
（　　　　　　　　　　　　）ゆりです。

③ Those are dictionaries.
（　　　　　　　　　　　　）辞書です。

④ Those are knives.
（　　　　　　　　　　　　）ナイフです。

解答

1. ① ア　② イ
2. ① （これらは）バスです。　② （これらは）ゆりです。
   ③ （あれらは）辞書です。　④ （あれらは）ナイフです。

リピートプリント ㉟

1 次の文を日本語にしましょう。

① These are bags.
(   )

② These are dogs.
(   )

③ Those are pencils.
(   )

④ They are desks.
(   )

2 次の名詞の複数形を書きましょう。

① boy　_____　② bag　_____

③ bus　_____　④ box　_____

⑤ lily　_____　⑥ dictionary　_____

⑦ child　_____　⑧ man　_____
　　　　　　　　　　　　　　　男の人

⑨ woman_____　⑩ leaf　_____
　女の人　　　　　　　　　　　葉

 theyは「彼らは」,「彼女らは」,「それらは」の
意味があったね。

1 次の文を複数を表す文にしましょう。

① This is a chair.

_____

② That is a dish.

_____

③ That is Henry's ball.

_____

④ This child is kind.
　　　child も複数になる

_____

2 次の文を英語にしましょう。

① これはリンゴです。

_____

② これらはリンゴです。

_____

③ これらの少女たちはわたしの生徒です。
　These girls

_____

④ あれらの少年たちは親切です。

_____

 theseのあとに名詞がくる場合は，「これらの」と日本語にするんだよ。

Are these〔those〕 ～?/
These〔Those〕 aren't ～.

基本を学ぼう

These are your books.

Are these your books? （これらはあなたの本ですか。）

Yes, they are. / No, they are not〔aren't〕.

/ No, they're not.

（はい，そうです。／いいえ，ちがいます。）

They are not〔aren't/They're not〕 my books.

（それらはわたしの本ではありません。）

働き

・「これらは（あれらは）～ですか」と何かわからないものについてたずねるときは，「Are these（those）～?」になる。

■these/thoseとthey

・theseやthoseは近くのものや離れたところのものを指すときに使う。一度話題に出たものは，2回目以降はtheseやthoseの代わりにthey（それらは）を使う。

単語力 UP

このSTEPに出てくる重要語

① knife	ナイフ	⑥ new	新しい
② flower	花	⑦ temple	寺
③ word	単語	⑧ watch	時計
④ math	数学	⑨ pretty	かわいい
⑤ textbook	教科書	⑩ delicious	おいしい
		⑪ useful	役に立つ

基礎を固めよう

1. 次の英文の日本語として適切なものを選び，記号で答えましょう。

① These aren't balls.

　　ア　これらはボールではありません。
　　イ　これらはボールですか。　　　　　　　　　　　（　　　）

② Are those boxes?

　　ア　これらは箱ですか。
　　イ　あれらは箱ですか。　　　　　　　　　　　　　（　　　）

2. 次の文を日本語にしましょう。

① These are words.
　　（　　　　　　　　　　　　　）単語です。

② Those are flowers.
　　（　　　　　　　　　　　　　）花です。

③ Are these watches?　―Yes, they are.
　　（　　　　　　　　　　　　　）時計ですか。―はい，そうです。

④ Those aren't temples.
　　（　　　　　　　　　　　　　）寺ではありません。

解答
1. ① ア　② イ
2. ① （これらは）単語です。　　　　② （あれらは）花です。
　 ③ （これらは）時計ですか。　　　④ （あれらは）寺ではありません。

1 次の文を日本語にしましょう。

① These girls are pretty.

(　　　　　　　　　　　　　　　　　　　　　　　　　)

② Those aren't math textbooks.

(　　　　　　　　　　　　　　　　　　　　　　　　　)

③ Are those apples?　　　　—Yes, they are.

(　　　　　　　　　) —(　　　　　　　　　)

④ Are these oranges delicious? —No, they aren't.

(　　　　　　　　　) —(　　　　　　　　　)

2 次の文を〔　　〕の指示に従って書きかえましょう。

① This word is new.　　　　（複数の文に）

_____

② Those books are useful.（単数の文に）
　　　　　　　役に立つ

_____

③ These are bags.　　　　　（否定文に）

_____

④ Those are dogs.　　　　　（疑問文にしてYesで答える文に）

_____ — _____

 Are these〔those〕〜? の答え方は these ではなく，they を使うよ。

1 次の文を疑問文にして，（　　）の語で答えましょう。

① These are knives.　　　　　　(Yes)
knifeの複数形

_____ — _____

② These are old temples.　　　　(No)

_____ — _____

③ Those are new apples.　　　　(Yes)

_____ — _____

④ Those are your bags.　　　　(No)

_____ — _____

2 次の文を英語にしましょう。

① これらは教科書ではありません。

_____

② あれらのリンゴはおいしくありません。
delicious

_____

③ これらの教科書は役に立ちますか。

_____

—はい，役に立ちます。

— _____

疑問詞 (1)

基本を学ぼう

What is this?	（これは何ですか。）
It's a book.	（それは本です。）
Who is that?	（あちらはだれですか。）
That is Kevin.	（あちらはケビンです。）
When do you run?	（あなたはいつ走りますか。）
I run in the morning.	（わたしは午前中に走ります。）

働き

- 「これは（あれは）何ですか」と何かわからないものについてたずねるときは，What is this(that)?を使う。短縮形What'sをよく使う。
- ふつうit（それ）を主語にして，It is ～．（それは～です）の形で具体的に答える。短縮形It'sもよく使われる。
- 複数のものをさして「何ですか」とたずねるときは，be動詞をareにして，What are ～?にする。
- 「～はだれですか」とだれなのかをたずねたいときは，Who is ～?を使う。答えるときは，その人の名前や自分との関係，その人の職業などを伝える。
- 「いつ」と時をたずねるときはwhenを使う。答えるときは〈月＋日付〉やin the morningなど時を表す語句を用いる。

単語力 UP

このSTEPに出てくる重要語

① museum	博物館	
② library	図書館	
③ who	だれ	
④ what	何	
⑤ when	いつ	

基礎を固めよう

1. 次の英文の日本語として適切なものを選び，記号で答えましょう。

① What is this?

　　ア　これは，何ですか。
　　イ　これは，だれですか。　　　　　　　　　　　　（　　　）

② When is the concert?

　　ア　そのコンサートはどこでありますか。
　　イ　そのコンサートはいつですか。　　　　　　　　（　　　）

2. 次の文を日本語にしましょう。

① Who is he?　—He's Ken.
　　彼は（　　　　　　　　　　　　　　　　）。　—彼はケンです。

② When do you study?　—I study in the evening.
　　（　　　　　　　　　　　　　　　　）。—わたしは夕方に勉強します。

③ What is this?　—It's a book.
　　これは（　　　　　　　　　　　　　　　　）。—それは本です。

1 次の文を日本語にしましょう。

① Who is she?　　　　　—She's Kumi.

（　　　　　　　　　）—（　　　　　　　　　）

② When do you go to the library?

（　　　　　　　　　　　　　　）

—I go to the library on Sunday.

—（　　　　　　　　　　　　　　）

2 次の（　）の語を並べかえて，意味の通る文にしましょう。

① (he / who / is / ?)

_____

② (she / when / does / clean / ?)

_____

—(cleans / she / morning / in / the / .)

—_____

 what, who, when を文の初めにもってくるよ。

リピートプリント ④⓪

1 次の文の下線部に適切な語を入れて，対話文を完成させましょう。

① A : ＿＿＿＿＿＿＿＿ is this?

B : It's a bird.

② A : ＿＿＿＿＿＿＿＿ do you have?

B : I have a ball.

③ A : ＿＿＿＿＿＿＿＿ do they go to the museum?

B : They go to the museum on Saturday.

2 次の文を英語にしましょう。

① 彼女はだれですか。

＿＿＿＿＿＿＿＿＿＿＿＿＿＿＿＿＿＿＿＿＿＿＿＿＿

② あれは何ですか。

＿＿＿＿＿＿＿＿＿＿＿＿＿＿＿＿＿＿＿＿＿＿＿＿＿

③ あなたはいつ英語を勉強しますか。

＿＿＿＿＿＿＿＿＿＿＿＿＿＿＿＿＿＿＿＿＿＿＿＿＿

「何を〜しますか。」，「いつ〜しますか。」は，what や when のあとに「do〔does〕＋主語＋一般動詞〜？」になるよ。

疑問詞 (2)

基本を学ぼう

Where do you live?	（あなたはどこに住んでいますか。）
I live in Osaka.	（わたしは大阪に住んでいます。）
Whose book is this?	（これはだれの本ですか。）
It is[It's] mine.	（それはわたしのものです。）
Which do you like, dogs or cats?	
	（イヌとネコでは，あなたはどちらが好きですか。）
I like cats.	（わたしはネコが好きです。）
How much is this?	（これはいくらですか。）
It is[It's] six dollars.	（6ドルです。）

- 「どこ」と目的地の場所をたずねたいときは，whereを使う。
- 「だれのものなのか」をたずねたいときは，whoseを使う。
- 「わたしのもの」「あなたのもの」などは，**所有代名詞**を使う。
- 「どちら」とたずねるときは，whichを使う。「AかBか」というときは orを使う。
- how〜で，さまざまなことをたずねることができる。how many（いくつ〈数〉），how old（何歳），how long（どのくらい長い〔長く〕）などの意味になる。

■所有代名詞

単数		複数	
mine （わたしのもの）		ours （わたしたちのもの）	
yours （あなたのもの）		yours （あなたたちのもの）	
his （彼のもの）		theirs （彼ら〔彼女ら〕のもの）	
hers （彼女のもの）			

基礎を固めよう

1. 次の英文の日本語として適切なものを選び，記号で答えましょう。

① How do you go to school?

ア　あなたはどのようにして学校に行きますか。
イ　あなたはいつ学校に行きますか。
（　　）

② Where do you swim?

ア　あなたはどこで泳ぎますか。
イ　あなたはいつ泳ぎますか。
（　　）

2. 次の文を日本語にしましょう。

① Which is his watch?　　　—This is his.
　彼の時計は（　　　　　　　　　）。—こちらが彼のものです。

② Whose album is this?　　　—It is hers.
　これは（　　　　　　　　　）。—それは彼女のものです。

③ How many eggs do you have?　—I have three eggs.
　あなたは（　　　　　　　　　）。—わたしは3個持っています。

 「how many」は「いくつの」という意味を持つよ。

1. ① ア　② ア
2. ①彼の時計は（どちらですか）。　　②これは（だれのアルバムですか）。
　③あなたは（卵を何個持っていますか）。

1 次の文を日本語にしましょう。

① Whose racket is this?　　　—It is mine.

(　　　　　　　　　　) —(　　　　　　　　)

② Which is her bag?　　　　—That is hers.

(　　　　　　　　　　) —(　　　　　　　　)

③ How much is this T-shirt?

(　　　　　　　　　　　　　　　　)

—It's sixteen dollars.

—(　　　　　　　　　　　　　　　)

④ Where does he play baseball?

(　　　　　　　　　　　　　　　　)

—He plays baseball in the schoolyard.
校庭

—(　　　　　　　　　　　　　　　)

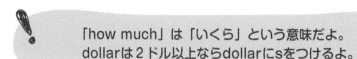
「how much」は「いくら」という意味だよ。
dollarは2ドル以上ならdollarにsをつけるよ。

2 次の英語の質問に対して，英語で答えましょう。

Whose is this bike?

① わたしのものです。　　　② 彼のものです。

_____　　_____

③ 彼女のものです。　　　④ わたしたちのものです。

_____　　_____

1 次の下線部に適切な語を入れて，対話文を完成させましょう。

① A : ＿＿＿＿＿＿ she run?
　 B : Yes, she can.

② A : ＿＿＿＿＿＿ dog is this?
　 B : It's her dog.

③ A : ＿＿＿＿＿＿ is my cat?
　 B : This is yours.

④ A : ＿＿＿＿＿＿ do they go to school?
　 B : They go to school by train.
　　　　　　　　　　　　　　列車で

2 次の文を英語にしましょう。

① 彼はどのようにして公園に行きますか。

＿＿＿＿＿＿＿＿＿＿＿＿＿＿＿＿＿

② 彼女はどこに住んでいますか。

＿＿＿＿＿＿＿＿＿＿＿＿＿＿＿＿＿

③ どちらがあなたの本ですか。

＿＿＿＿＿＿＿＿＿＿＿＿＿＿＿＿＿

— こちらがわたしのものです。

— ＿＿＿＿＿＿＿＿＿＿＿＿＿＿＿＿

canの疑問文でつまずいた場合■① STEP16 (P.76)

過去の文（1）（規則動詞）

基本を学ぼう

文の形

I [play] baseball.
　　↓
I played baseball.　　（わたしは野球をしました。）

働き

・過去の文では，動詞を「過去を表す形（過去形）」にする。

■過去を表す語句

・yesterday(昨日)／〜ago(〜前)　three days ago(3日前)／
last 〜(昨〜，この前の〜) last night(昨夜), last week(先週)

単語力 UP

次の（　　）に入る単語を書きましょう。

■規則動詞(過去形がedやdなどで終わる形)の過去形の作り方

①原形にedをつける。　play→played, clean→（　　　　　　　　）

②語尾がeで終わる語はdだけをつける。

　live→lived, use→（　　　　　　）

③「子音字＋y」で終わる語は，yをiにかえてedをつける。

　study→studied, try→（　　　　　　）

④「短母音＋子音字」で終わる語は子音字を重ねてedをつける。

　stop→stopped

もっとくわしく

■規則動詞につく(e)dの発音

①語尾が無声音（音として出ない場合）　［t］と発音　washed

②語尾が t，d で終わる語　　　　　　　［id］と発音　visited

③それ以外の場合　　　　　　　　　　　［d］と発音　played

基礎を固めよう

1. 次の英文の日本語として適切なものを選び，記号で答えましょう。

① I washed the car yesterday.

ア わたしは今日車を洗います。
イ わたしは昨日車を洗いました。 （　　　）

② We played baseball last month.

ア わたしたちは先月野球をしました。
イ わたしたちは先週野球をしました。 （　　　）

2. 次の文を日本語にしましょう。

① I cook lunch every day.
現在形
わたしは（　　　　　　　　　　　　　　　）。

② He cooked lunch yesterday.
彼は（　　　　　　　　　　　　　　　）。

③ She studies English every day.
彼女は（　　　　　　　　　　　　　　　）。

④ They studied English last night.
彼女らは（　　　　　　　　　　　　　　　）。

 解答
1. ① イ ② ア
2. ①わたしは（毎日昼食を作ります）。 ②彼は（昨日昼食を作りました）。
③彼女は（毎日英語を勉強します）。 ④彼女らは（昨夜英語を勉強しました）。

105

1 次の文を日本語にしましょう。

① I studied math yesterday.
数学

( )

② You cleaned the room yesterday.

( )

③ He lived in Osaka last year.

( )

④ Ken and Kumi played volleyball last month.

( )

2 次の語の下線部の発音が[d]であればア，[id]であればイ，[t]
であればウと答えましょう。

① play<u>ed</u>　( )　② lik<u>ed</u>　( )

③ visit<u>ed</u>　( )　④ open<u>ed</u>　( )

⑤ start<u>ed</u>　( )　⑥ clean<u>ed</u>　( )

⑦ wash<u>ed</u>　( )　⑧ want<u>ed</u>　( )

 過去を表すことば (yesterday, last year など) を
しっかり覚えよう。

1 次の文を，（　）の語や語句を使って過去の文にしましょう。

① I play tennis. 　　　　(yesterday)

_____

② You study French. 　　(last week)

_____

③ She washes her car. 　(last month)

_____

④ They live in Kyoto. 　(two years ago)

_____

2 次の文を英語にしましょう。

① わたしは昨日野球をしました。

_____

② あなたは先月札幌(Sapporo)に住んでいました。

_____

③ 彼女らは昨日その窓を開けました。

_____

④ わたしたちは昨年彼を訪れました。

_____

過去の文 (2) (不規則動詞)

基本を学ぼう

I speak English.

↓

I spoke English.　　　　　　(わたしは英語を話しました。)

He writes in English.

↓

He wrote in English.　　　　(彼は英語で書きました。)

・一般動詞を過去形にするとき，形が変わるものを**不規則動詞**という。

■発音に注意する過去形

read→read(レッド)　buy→bought(ボート)　hear→heard(ハード)

■原形と過去形のつづりが同じ形

cut→cut　hit→hit　put→put

単語力 UP

次の (　　) に過去形を書きましょう。

■不規則動詞

① go　　→(　　　　　)　　② come　→(　　　　　)

③ eat　　→(　　　　　)　　④ see　　→(　　　　　)

⑤ have　→(　　　　　)　　⑥ make　→(　　　　　)

⑦ read　→(　　　　　)　　⑧ write　→(　　　　　)

⑨ speak →(　　　　　)　　⑩ run　　→(　　　　　)

⑪ get　　→(　　　　　)　　⑫ teach　→(　　　　　)

基礎を固めよう

1. 次の英文の日本語として適切なものを選び，記号で答えましょう。

① I saw her yesterday.

　　ア　わたしは昨日彼女に会います。
　　イ　わたしは昨日彼女に会いました。　　　　　　　　（　　）

② They had a good time then.

　　ア　彼らはその時楽しい時を過ごしました。
　　イ　彼らは昨日楽しい時を過ごしました。　　　　　　（　　）

2. 次の文を日本語にしましょう。

① I made the bench yesterday.
　わたしは（　　　　　　　　　　　　　　　　　　）。

② You went to the library two days ago.
　あなたは（　　　　　　　　　　　　　　　　　　）。

③ She read the book yesterday.
　　　　　[レッド]過去形
　彼女は（　　　　　　　　　　　　　　　　　　）。

④ We got up at seven this morning.
　わたしたちは（　　　　　　　　　　　　　　　　）。

解答

1. ① イ　② ア
2. ①わたしは（昨日そのベンチを作りました）。　②あなたは（2日前図書館に行きました）。
　③彼女は（昨日その本を読みました）。　　　④わたしたちは（今朝7時に起きました）。

1 次の文を日本語にしましょう。

① He went to bed at ten last night.
(   )

② She got up at seven this morning.
(   )

③ David and Ken went to the park yesterday.
(   )

④ They had a good time then.
(   )

2 次の動詞の過去形を書きましょう。

① play　（　　　　） ② study （　　　　）

③ speak （　　　　） ④ read　（　　　　）

⑤ write　（　　　　） ⑥ see　　（　　　　）

⑦ teach　（　　　　） ⑧ make （　　　　）

1 次の文を，（　　）の語や語句を使って過去の文にしましょう。

① I go to the garden.　(yesterday)

_____

② You make the box.　(last month)

_____

③ He reads the story.　(two days ago)

_____

④ They are busy.　(last week)
　　　be動詞

_____

2 次の文を英語にしましょう。

① わたしは昨日Eメールを書きました。
　　an e-mail

_____

② あなたは先週英語を教えました。

_____

③ 彼は2日前ベンチを作りました。

_____

④ マイク（Mike）は昨日公園を走りました。

_____

基本を学ぼう

文の形

She liked baseball.

She did not like baseball.

（彼女は野球が好きではありませんでした。）

Did she like baseball?

（彼女は野球が好きでしたか。）

Yes, she did .   No, she did not〔didn't〕.

（はい，好きでした。）　（いいえ，好きではありませんでした。）

働き

・「～しましたか」のように，**過去にしたかどうかをたずねたいとき**は，didを使う。答えるときもdidを使う。

・「～しませんでした」のように，**過去にしなかったことをいいたいとき**は，did not〔didn't〕を使っていうことができる。

・did notはdidn'tと短縮することができる。

・主語が何であっても過去の疑問文には**Did ～ ?**，過去の否定文には**did not〔didn't〕**を使う。

単語力 UP

このSTEPに出てくる重要語（句）

① this morning　今朝
② dance　踊る
③ bench　ベンチ
④ last night　昨夜
⑤ last week　先週
⑥ last month　先月
⑦ have lunch　昼食を食べる
⑧ then　その時
⑨ have a good time　楽しい時を過ごす

基礎を固めよう

1. 次の英文の日本語として適切なものを選び，記号で答えましょう。

① He did not read an English book last night.

　　ア　彼は昨夜英語の本を読みません。
　　イ　彼は昨夜英語の本を読みませんでした。　　　　（　　）

② Did he play tennis yesterday?

　　ア　彼は毎日テニスをしますか。
　　イ　彼は昨日テニスをしましたか。　　　　　　　（　　）

2. 次の文を日本語にしましょう。

① I did not dance yesterday.
　わたしは昨日（　　　　　　　　　　　　　　　）。

② He did not watch TV this morning.
　彼は今朝（　　　　　　　　　　　　　　　）。

③ Did you make the bench yesterday? —Yes, I did.
　あなたは昨日（　　　　　　　　　　　　　）。 —はい，作りました。

④ Did she speak Japanese last week?　—No, she did not.
　彼女は先週（　　　　　　　　　　　　）。 —いいえ，話しませんでした。

1. ① イ　② イ
2. ①わたしは昨日（ダンスをしませんでした）。　②彼は今朝（テレビを見ませんでした）。
　③あなたは昨日（そのベンチを作りましたか）。　④彼女は先週（日本語を話しましたか）。

1 次の文を日本語にしましょう。

① I didn't use this pen yesterday.
  did not の短縮形
(　　　　　　　　　　　　　　　　　)

② We didn't play tennis then.
(　　　　　　　　　　　　　　　　　)

③ Did you have lunch yesterday? —Yes, I did.
(　　　　　　　　　　　) —(　　　　　　)

④ Did they have a good time last month? —No, they didn't.
(　　　　　　　　　　　) —(　　　　　　)

2 次の文の（　）の中から適切な語を選び，意味の通る文にしましょう。

① I (study, studied) English yesterday.

  I ＿＿＿＿＿＿＿＿ English yesterday.

② Ken (studies, studied) English every day.

  Ken ＿＿＿＿＿＿＿＿ English every day.

③ She is (studies, studying) Chinese now.

  She is ＿＿＿＿＿＿＿＿ Chinese now.

過去の文を日本語にするときは，「〜しましたか」，「〜しませんでした」になるよ。

1 次の文を（　）の指示に従って書きかえましょう。

① He speaks English.　　　（疑問文にしてYesで答える）

_____ — _____

② She spoke Japanese.　　（疑問文にしてNoで答える）

_____ — _____

③ He read the magazine.　（否定文に）
　　　　　　雑誌

_____

④ She reads the book.　　（否定文に）

_____

2 次の文を英語にしましょう。

① わたしは昨日そうじをしませんでした。

_____

② 彼女は先週彼に会いませんでした。
　　　　　　see

_____

③ あなたは2日前に公園に行きましたか。

_____

—はい，行きました。

— _____

1 次の疑問文に対する答えとして適切なものを（ア）〜（エ）から選び，その記号を答えましょう。　　　　　　（各2点×4＝8点）

① Are these books?　　　　　　　　　　（　　　）

② How many pens do you have?　　　　（　　　）

③ Where is Kumi?　　　　　　　　　　（　　　）

④ When do you run?　　　　　　　　　（　　　）

> （ア）I have three.　　　　（イ）I run in the evening.
> （ウ）She is in her room.　（エ）Yes, they are.

2 次の（　　）の語〔句〕を並べかえて，日本語に合う文にしましょう。　　　　　　　　　　　　　　　　（各4点×3＝12点）

① 彼は自転車で公園に行きました。
(by / went / bike / he / the / to / park / .)

_____

② 彼女は先週彼に会いませんでした。
(week / him / last / she / see / didn't / .)

_____

③ わたしは昨日楽しい時を過ごしました。
(yesterday / had / a good time / I / .)

_____

3 次の文の下線部に適切な語を入れて，対話文を完成させましょう。

（各4点×4＝16点）

① Is this a desk _____ a chair?

—It's a desk.

② _____ is your book?

—This is mine.

③ _____ you study English last night?

—Yes, I did.

④ _____ he swim very well?

—Yes, he can.

4 次の文の下線部に，（　）の中から適切な語を選んで書きましょう。

（各4点×4＝16点）

① She _____ her room yesterday.

(cleans, cleaned, cleaning)

② These _____ apples.

(is, am, are)

③ I don't have _____ pencils in my bag.

(a, some, any)

④ Ken _____ English every day.

(study, studies, studied)

5 次の文の文末にyesterdayを入れて過去の文にしましょう。

（各4点×4＝16点）

① I play the piano.

_____

② She has a good time.

_____

③ He makes the bench.

_____

④ They wash the car.

_____

6 次の文を日本語にしましょう。

（各4点×3＝12点）

① These are watches.
(   )

② How do you go to the station?
(   )

③ I went to the station by bus.
(   )

7 次の（　）の語を適切な所に入れて，文を完成させましょう。

（各4点×3＝12点）

① What this?　　　　　　　　　　（ is ）

_____

② Where do live?　　　　　　　（ you ）

_____

③ How apples do you have?　（ many ）

_____

8 次の動詞の過去形を書きましょう。　　　　　　（各1点×8＝8点）

① play　_____　② live　_____

③ stop　_____　④ make　_____

⑤ get　_____　⑥ run　_____

⑦ speak　_____　⑧ write　_____

Did you know?

英語のなぞなぞです。Thursday「木曜日」の前にFriday「金曜日」がでてくるものはなんだ？正解は辞書。辞書の並び方はアルファベットの順番。だから，FridayがThursdayの前にくるのよ。

25 be動詞の肯定文 (過去形)

基本を学ぼう

文の形

I | am | a soccer fan.
↓
I | was | a soccer fan. (わたしはサッカーファンでした。)

It | is | fun.
↓
It | was | fun. (それは楽しかったです。)

We | are | in Tokyo.
↓
We | were | in Tokyo yesterday.

(わたしたちは昨日東京にいました。)

働き

- 主語が I または3人称単数のときはwasを，youまたは複数のときはwere を使う。
- 「…は〜でした」のように過去の状態を伝えたいとき，be動詞の過去形 was, wereを使う。
- was, wereは過去の状態だけでなく，「〜にいた，あった」という意味 も表す。

単語力 UP

■ be動詞の過去形の使い分け

原形	現在形	過去形
be	am	was
	is	
	are	were

このSTEPに出てくる重要語 (句)

① happy　　幸せな
② sad　　悲しい
③ tired　　疲れた
④ at home　家に
⑤ busy　　忙しい
⑥ old　　古い

基礎を固めよう

1. 次の英文の日本語として適切なものを選び，記号で答えましょう。

① You were a student.

   ア　あなたは生徒でした。
   イ　あなたたちは生徒でした。   （　　　）

② They were teachers.

   ア　彼らは先生でした。
   イ　彼らは先生です。   （　　　）

2. 次の文を日本語にしましょう。

① She was happy yesterday.
   彼女は昨日（　　　　　　　　　　　　　）。

② You were sad last week.
   あなたたちは先週（　　　　　　　　　　　　　）。

③ They were tired then.
   彼らはその時（　　　　　　　　　　　　　）。

④ These books were interesting.
   これらの本は（　　　　　　　　　　　　　）。

解答
1.　① ア　② ア
2.　①彼女は昨日（幸せでした）。　　②あなたたちは先週（悲しかったです）。
　　③彼らはその時（疲れていました）。　④これらの本は（おもしろかったです）。

1 次の文を日本語にしましょう。

① We were at home then.
〜にいた
(   )

② You were in America last week.
(   )

③ She was busy last year.
(   )

④ They are new lemons.
(   )

2 次の日本語に合うように、下線部に適切な語を入れましょう。

① わたしたちは医者でした。

We _____ doctors.

② あなたたちは親切な少女たちでした。

You _____ kind girls.

③ それは古いリンゴでした。

It _____ an old apple.

④ 彼女は2年前生徒でした。

She _____ a student two years _____.

〜ago, last weekなどは過去を表すことばだよ。

1 次の文を，（　　）の語や語句を使って書きかえましょう。

① I am happy.　　　　　　　　　(yesterday)

_____

② He is a doctor.　　　　　　　(three years ago)

_____

③ We are sad.　　　　　　　　(last week)

_____

④ They are seven years old.　　(last year)

_____

2 次の文を英語にしましょう。

① わたしたちは昨年日本にいました。

_____

② あなたたちは親切な少年でした。

_____

③ 彼女らはその時公園にいました。

_____

④ それらはおもしろいです。

_____

be動詞の疑問文・否定文（過去形）

STEP 26

基本を学ぼう

文の形

You were a soccer fan.

Were you a soccer fan? （あなたはサッカーファンでしたか。）

Yes, I was. ／ No, I was not[wasn't].

（はい，サッカーファンでした。） （いいえ，サッカーファンではありませんでした。）

I was not[wasn't] a soccer fan.

（わたしはサッカーファンではありませんでした。）

働き

・「…は～でしたか」のように**過去の状態をたずねたいとき**は，Was, Were で文を始める。答えるときは，was, wereを使う。

・「…は～ではありませんでした」のように否定の形を使って過去の状態を 伝えたいときは，was not[wasn't], were not[weren't] を使う。

もっとくわしく

	単　数		複　数	
1人称	I	was(am)	we	were(are)
2人称	you	were(are)	you	
3人称	he, she, it	was(is)	they	

Was ～? やWere ～? にはwas, wereを使って 答えるよ。Were you ～? に I で答えるときは， wereではなくwasを使うので注意しよう。

124

基礎を固めよう

1. 次の英文の日本語として適切なものを選び，記号で答えましょう。

① Were you a student?

　　ア　あなたは生徒ですか。
　　イ　あなたは生徒でしたか。　　　　　　　　　　（　　）

② I was not a student.

　　ア　わたしは生徒ではありません。
　　イ　わたしは生徒ではありませんでした。　　　　（　　）

2. 次の文を日本語にしましょう。

① He was not a doctor.
　彼は（　　　　　　　　　　　　　　）。

② We were not nurses.
　わたしたちは（　　　　　　　　　　　　）。

③ They were not artists.
　彼らは（　　　　　　　　　　　　　）。

④ Were they interesting?　　　—Yes, they were.
　それらは（　　　　　　　　　）。—はい，おもしろかったです。

解答

1. ① イ　② イ
2. ①彼は（医者ではありませんでした）。　　②わたしたちは（看護師ではありませんでした）。
　③彼らは（芸術家ではありませんでした）。　④それらは（おもしろかったですか）。

リピートプリント (51)

1 次の文を日本語にしましょう。

① They weren't at home then.
　　　　(weren't: were not の短縮形)

(　　　　　　　　　　　　　　　　　　　　)

② He wasn't in Japan last year.
　　　(wasn't: was not の短縮形)

(　　　　　　　　　　　　　　　　　　　　)

③ Were you noisy at that time?
　　　(you: 複数　noisy: 騒がしい)

(　　　　　　　　　　　　　　　　　　　　　　　　)

—Yes, we were.

—(　　　　　　　　　　　　　　　　　　　)

2 次の(　　)の語を並べかえて,意味の通る文にしましょう。

① (were / ago / we / two / teachers / years / .)

____

② (wasn't / she / happy / Sunday / last / .)

____

③ (that / you / were / sad / at / time / ?)

____

—(were / yes / we / , / .)

—____

then も at that time も「その時」という意味だよ。

1 次の文を（　　）の指示に従って書きかえましょう。

① You play tennis.　　　　　　　　　　（否定文に）

_____

② You were tennis players.　　　　　　　（否定文に）
　　　　　　　選手

_____

③ He is in Hokkaido.　　　　　　　　　　（疑問文に）

_____

④ They were teachers.　　　　　　　　　　（疑問文に）

_____

2 次の文を英語にしましょう。

① それらは古くありません。

_____

② 彼らはその時騒がしくありませんでした。

_____

③ 彼女らは先週忙しかったですか。

_____

—— はい，忙しかったです。

—— _____

「～でした」と日本語にすると過去になるよ。

STEP 27 過去進行形

基本を学ぼう

文の形

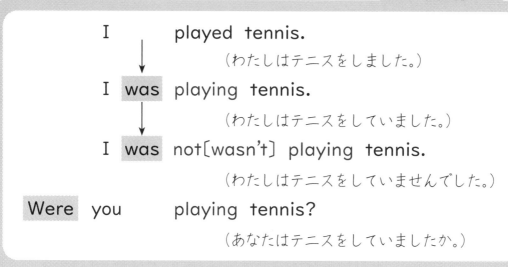

I played tennis.

（わたしはテニスをしました。）

I was playing tennis.

（わたしはテニスをしていました。）

I was not[wasn't] playing tennis.

（わたしはテニスをしていませんでした。）

Were you playing tennis?

（あなたはテニスをしていましたか。）

働き

- 「〜していました」と過去のある時点でしていた動作を伝えたいときは，過去進行形〈be動詞の過去形＋動詞のing形〉を使う。
- 過去進行形の文は，主語がⅠや３人称単数（he, sheなど）の場合は，「was＋〜ing」で，主語がyou，もしくはweやtheyなど複数の場合は「were＋〜ing」で表す。
- 「〜していましたか」と過去にしていたかどうかをたずねたいときは，過去進行形を疑問文にしていう。過去進行形の疑問文はbe動詞の過去形で文を始める。答えるときはbe動詞の過去形を使う。
- 「〜していませんでした」と過去にしていなかったことを伝えたいときは，過去進行形を否定文にしていう。過去進行形の否定文はbe動詞の後にnotをいれる。

■ （be動詞＋not）の短縮形

was not→wasn't	were not→weren't

基礎を固めよう

1. 次の英文の日本語として適切なものを選び，記号で答えましょう。

① I was playing tennis then.

　　ア　わたしは今テニスをしています。
　　イ　わたしはその時テニスをしていました。　　　　（　　）

② He wasn't studying English at that time.

　　ア　彼はその時英語を勉強していませんでした。
　　イ　彼は今英語を勉強していません。　　　　　　（　　）

2. 次の文を日本語にしましょう。

① You were running.

あなたは（　　　　　　　　　　　　　　　）。

② He wasn't sitting on the chair.

彼は（　　　　　　　　　　　　　　　）。

③ Were they swimming then?　　　— Yes, they were.

彼らはその時（　　　　　　　　　　　）。—はい，泳いでいました。

 動詞ingのつけ方は現在進行形と同じだよ。
P.60で復習しておこう。

P.60で復習しておこう。

 解 答
1. ① イ　② ア
2. ①あなたは（走っていました）。　　②彼は（いすにすわっていませんでした）。
③彼らはその時（泳いでいましたか）。

リピートプリント ㊾

1 次の文を日本語にしましょう。

① I was playing the guitar.

(   )

② You were speaking English then.

(   )

③ Were you making the box then?

(   )

—Yes, we were.

—(   )

2 次の日本語に合うように，(   )の中から適切な語を選んで書きましょう。

① わたしは歌を歌っています。

I _____ singing a song.　(am, was, were)

② あなたは英語を勉強していました。

You _____ studying English.　(are, was, were)

③ 彼はその時走っていませんでした。

He _____ running then.　(isn't, wasn't, weren't)

 thenは過去を，nowは現在を表すことばだよ。

 現在進行形でつまずいた場合，(**2** ①)　　STEP13(P.60)

1 次の文を過去進行形の文にしましょう。

① I studied Japanese.

_____

② He watched TV.

_____

③ Ken read the book.

_____

④ They helped Emi.

_____

2 次の文を英語にしましょう。

① 彼は毎日英語を勉強します。

_____

② 彼はその時英語を勉強していました。

_____

③ 彼らはその時サッカーをしていましたか。

_____

—はい，していました。

— _____

 進行形にするときにはbe動詞が必要だよ。

 3単現でつまずいた場合，(**2**①) STEP07(P.32)

確認テスト6

1 次の文を日本語にしましょう。　　　　　　　　(各2点×5＝10点)

① I cleaned the room yesterday.
(　　　　　　　　　　　　　　　　　　　　　)

② She wasn't sad yesterday.
(　　　　　　　　　　　　　　　　　　　　　)

③ Was he happy last night?
(　　　　　　　　　　　　　　　　　　　　　)

④ They were playing soccer then.
(　　　　　　　　　　　　　　　　　　　　　)

⑤ They play tennis every day.
(　　　　　　　　　　　　　　　　　　　　　)

2 次の日本語に合うように，下線部に適切な語を入れましょう。

(各3点×3＝9点)

① 彼は英語を勉強していましたか。

_____ he _____ English?

② 彼女は先週東京にいました。

She _____ _____ Tokyo last week.

③ ベンとケンは昨年先生でした。
「ベンとケン」は複数

Ben and Ken _____ _____ last year.

3 次の（　）の語を並べかえて，意味の通る文にしましょう。

(各4点×4＝16点)

① (was / baseball / I / playing / .)

_____

② (teacher / were / you / a / ?)

_____

③ (not / doctors / we / were / .)

_____

④ (I / now / am / reading / book / the / .)

_____

4 次の文を（　）の指示に従って書きかえましょう。(各4点×4＝16点)

① I am a tennis player.　　　　　（過去の文に）

_____

② They were nurses.　　　　　（否定文に）

_____

③ He was tired.　　　　　（疑問文に）

_____

④ Mike was washing the car.　　　　　（否定文に）

_____

5 次の文の下線部に，be動詞かdoを適する形になおして書きまし
ょう。

① _____ you very happy yesterday?

② Ken _____ in my room at that time.

③ _____ he study last Sunday?

④ I _____ studying in the library now.

6 次の日本語に合うように，（　　）の中から適切な語を選んで書
きましょう。

① わたしはその時とても幸せでした。

I _____ very happy then.

（ am, was, were ）

② 彼女らは昨年北海道にいました。

They _____ in Hokkaido last year.

（ are, was, were ）

③ 子どもたちは騒がしかった。

The children _____ noisy.

（ are, was, were ）

7 次の対話文を完成させましょう。　　　　　（各4点×3＝12点）

① A : Was he a teacher?

   B : Yes, _____ _____.

② A : _____ you study English yesterday?

   B : No, I _____.

③ A : Are they studying Japanese?

   B : Yes, _____ _____.

8 次の下線部にwas, wereのいずれかを書きましょう。

　　　　　　　　　　　　　　　　　　　　　　（各1点×9＝9点）

① I _____　　　② You _____

③ He _____　　　④ We _____

⑤ They _____　　⑥ Mary _____

⑦ My father _____　⑧ The bike _____

⑨ My friends _____

Did you know?

英語のfamily name（姓）の中には職業由来のものがあるので，紹介するわね。
Cook(クック)：料理人／Taylor(テイラー)：仕立屋
Baker(ベイカー)：パン屋／Fisher（フィッシャー）：漁師

著 者　中 島 勝 利（なかじま・かつとし）

　1945年5月6日，三重県に生まれる。天理大学外国語学部ドイツ学科卒業。長年，大阪市内の中学校で教壇に立つ。

著　書「英語リピートプリント・ハイパー」中学1年生
　　　　「英語リピートプリント・ハイパー」中学2年生
　　　　「英語リピートプリント・ハイパー」中学3年生
　　　　「やさしく学ぶ英語リピートプリント」中学1・2年の復習
　　　　「やさしく学ぶ英語リピートプリント」中1
　　　　「やさしく学ぶ英語リピートプリント」中2
　　　　「やさしく学ぶ英語リピートプリント」中3

やさしく学ぶ英語リピートプリント　中学1年

1993年1月20日　　初版発行
2004年3月20日　　改訂新版発行
2012年1月20日　　改訂新版発行
2021年8月20日　　改訂新版発行
2024年4月10日　　第3刷発行

著　者　中島　勝利
発行者　面屋　洋
企　画　清風堂書店
発　行　フォーラム・A

〒530-0056　　大阪市北区兎我野町15-13
電話　（06）6365-5606
FAX　（06）6365-5607
http://www.foruma.co.jp/

制作編集担当・苗村佐和子

表紙デザイン・ウエナカデザイン事務所
印刷・㈱関西共同印刷所／製本・㈱高廣製本

ISBN978-4-86708-039-9 C6082

やさしく学ぶ 英語リピートプリント 中1

別冊解答

解答の表記について

◆記号について：

　　（　　　）は省略可能，〔　　〕は書き換え可能な語を示しています。

◆短縮形について：

　　この問題集では文の構造がわかりやすいように，短縮形をあまり使用していませんが，短縮形をもちいる解答も基本的に正解です。短縮形は主に会話文などでよく使用されます。

◆aとthe，単数と複数の区別について：

　　この問題集では，英語の文法を一つ一つの個別の文を通じて学びます。しかし，本来，文はいくつかの文が集まっている文章の中で使用されるもので，その中ではaとtheや，単数と複数の区別は前後の文から自然とわかる場合が多くなります。

　　一方，問題集では，例えば『「私たちは箱を作ります」という文を英語で書きなさい』という問題の場合，

　　　　・We make a box.　・We make the box.　・We make the boxes.

などの解答が考えられますが，残念ながらすべての解答例を掲載するにはページ数がたりません。

　　そこで，解答には1例しか掲載しておりませんが，問題によっては，本書の解答と皆さんの解答のaとtheや，単数と複数が違ってくる場合もあり得ます。文法的におかしくなければ，多くの場合はそのページで学ぶ重点項目があっているかどうかで判断していただければと思います。

STEP 01 | be動詞の肯定文 （現在形） (P.4〜7)

P.6 リピートプリント ①

1
① わたしは生徒です。
② あなたは先生です。
③ 彼はカナダ人の友だちです。
④ 彼女は日本人の少女です。

2
① You are a teacher.
② She is a student.
③ He is a doctor.
④ I am a Japanese boy.

解説
2①②③④ be動詞の使い方を覚えること。
I→am　you→are　he〔she, it〕→is

P.7 リピートプリント ②

1
① am a　　　② are a
③ is / Canadian　④ is an

2
① I am〔I'm〕a girl.
② You are〔You're〕a boy.
③ She is〔She's〕a Japanese friend.
④ It is〔It's〕an interesting book.

解説
1④ a English teacher ではない。母音で始まっているからanになる。
2④ a interesting bookではない。母音で始まっているからanになる。

STEP 02 | be動詞の否定文 （現在形） (P.8〜11)

P.10 リピートプリント ③

1
① わたしは看護師です。
② 彼は芸術家ではありません。
③ あなたは野球選手ではありません。
④ それはコンピューターではありません。

2
① am a　　② are not
③ is not　④ He isn't〔He's not〕

解説
1
①肯定文（〜です）
②③④否定文（〜ではない）

P.11 リピートプリント ④

1
① I am not〔I'm not〕a nurse.
② You are not〔You're not / You aren't〕an artist.
③ He is not〔He's not / He isn't〕a musician.
④ I am not〔I'm not〕a singer.

2
① I am not〔I'm not〕a student.
② You are not〔You're not / You aren't〕a teacher.
③ He is not〔He's not / He isn't〕an artist.
④ It is not〔It's not / It isn't〕a box.

解説
1 be動詞の次にnotを置くと否定文になる。

STEP 03 | be動詞の疑問文 （現在形） (P.12〜15)

P.14 リピートプリント ⑤

1
① 彼は医者です。
② あなたは先生ですか。
　はい，そうです。
③ 彼女は生徒ですか。
　いいえ，ちがいます。
④ 彼女は野球の選手ですか。
　はい，そうです。

2
① You are a driver.
② Are you a nurse?
③ Is she a student?
④ Is it a desk?

解説
2和訳例　①あなたは運転手です。②あなたは看護師ですか。③彼女は生徒ですか。④それは机ですか。

P.15 リピートプリント ⑥

1
① Are you a teacher?
　Yes, I am.
② Is Kumi a student?
　No, she is not〔she's not /she isn't〕.
③ Is she a tennis player?
　Yes, she. is.
④ Is it a chair?
　No, it is not〔it's not /it isn't〕.

2 ① Is he a driver?

No, he is not〔he's not / he isn't〕.

② Is Ken a cook?

Yes, he is.

③ Is it a desk ?

No, it is not〔it's not / it isn't〕.

解説

1 ②主語Kumiは女性なので，その答えの文にはsheがくる。

2 ②主語Kenは男性なので，その答えの文にはheがくる。

STEP **04** ▌This〔That〕is ～.　(P.16～19)

P.18　リピートプリント ⑦

1 ① これは机です。　② これはイヌです。

③ あれはリンゴです。④ あれはノートです。

2 ① This is a bag.　② This is a pencil.

③ That is a ball.　④ That's a camera.

解説

1 ①②③④ this は近くのものを，that は遠くのものを指すときに使う。③apple は母音で始まっているので an。

P.19　リピートプリント ⑧

1 ① This is　② That / a　③ This / an

④ That / a

2 ① This is a book.　② This is a bag.

③ That's a camera.

④ That is〔That's〕a teacher.

解説

2 ④「あれは～です」という意味の英文は，That is ～ . またはThat's ～ . の形で表される。

STEP **05** ▌This〔That〕is not ～. /
Is this〔that〕 ～?　(P.20～23)

P.22　リピートプリント ⑨

1 ① これはウサギですか。

いいえ，ちがいます。

② これは卵ではありません。

③ あれは学校ですか。

④ あれは自転車ではありません。

2 ① an　② isn't　③ is not

④ 公園ではありません

解説

1 ① thisやthatを受けて答えるときはitを用いる。

P.23　リピートプリント ⑩

1 ① Is this a bird?

② That is not〔That's not / That isn't〕a picture.

③ This is not 〔isn't〕a house.

④ Is that a window?

2 ① That is not〔That's not / That isn't〕Bill.

② Is that a bike? No, it is not〔it's not / it isn't〕.

③ Is this a car?　Yes, it is.

解説

1 ②**2** ① That is not ～ . という形は，is notを短縮形にしてThat isn't ～ . ということもできる。ほかにThat's not ～ . という短縮形も可能。

STEP **06** ▌We are ～ .　(P.24～27)

P.26　リピートプリント ⑪

1 ① わたしたちは作家です。

② あなたたちはピアニストです。

③ 彼〔彼女〕らは俳優です。

④ 彼女らは日本人の少女です。

2 ① We are　②They are

③ They're　④singers.

解説

1 ②これは複数の文。単数の文ならYou're a pianist.になる。③theyの意味には「彼らは」「彼女らは」と「それらは」がある。

2 ④主語のYouが複数なので，singersになる。

P.27　リピートプリント ⑫

1 ① We are〔We're〕artists.

② You are〔You're〕drivers.

③ They are〔They're〕pianists.

④ They are〔They're〕pictures.

2 ① We are〔We're〕teachers.

② You are〔You're〕singers.

③ They are〔They're〕drivers.

④ They are〔They're〕musicians.

解説

複数の文では，単数を表すa〔an〕はなくなる。

確認テスト 1 (P.28~31)

1 ① am ② is ③ are ④ are

2 ① a ② a ③ an ④ ×

3 ① Is ② Are ③ Is ④ I

4 ① This is not〔isn't〕a dog.

② You are not〔You're not / You aren't〕a doctor.

③ They are not〔They're not / They aren't〕eggs.

5 ① Is this a bag? Yes, it is.

② Is Kumi a student?

No, she is not〔she's not /she isn't〕.

③ Is that a long pencil? Yes, it is.

④ Are you a nurse? No, I am〔I'm〕not.

6 ① I am Henry.   ② He is a student.

③ This is an apple.   ④ They are books.

7 ① あれは大きな箱です。

② わたしたちはピアニストです。

③ ヘンリーはカナダ人の生徒ですか。

はい，そうです。

④ あなたたちは日本人の少年です。

8 ① 水曜日 ② 金曜日 ③ 木曜日

④ 土曜日 ⑤ 日曜日 ⑥ 火曜日

⑦ 月曜日

解説

1①②③④be動詞の使い方の確認。

I am ～． You are ～． He is ～．など。

2③orangeは母音で始まっている。④複数の文。

4否定文はbe動詞の次にnotを置く。

5疑問文はbe動詞を文の初めにもってくる。

6③appleは母音で始まっている。

7④複数の文。

STEP 07 一般動詞の現在形(1) (P.32~35)

P.32 単語力UP

① opens comes   ② washes watches

③ cries   ④ has

P.34 リピートプリント ⑬

1 ① plays   ② opens   ③ goes

④ washes   ⑤ watches   ⑥ studies

⑦ has   ⑧ cries

2 ① He watches TV.

② Ken plays basketball.

③ She studies Chinese.

④ I have five stamps.

解説

1⑥ study → studies

「子音字＋y」→ y を i にかえてes。

2④ have, hasの使い方。3単現のときはhasで，それ以外はhave。

P.35 リピートプリント ⑭

1 ① likes ② goes ③ washes ④ am

2 ① I have a car.

② He has a book.

③ He watches TV.

④ She is an English teacher.

解説

2④「英語の先生」はan English teacher。anに注意。

STEP 08 一般動詞の現在形(2) (P.36~39)

P.38 リピートプリント ⑮

1 ① わたしたちは毎週日曜日にピアノをひきます。

② あなた〔あなたたち〕は毎日走ります。

③ 彼〔彼女〕らは英語を教えます。

④ 彼〔彼女〕らは学校に来ます。

2 ① Ken studies English.

② Ken and Ben study English.

③ They study English.

5

④ We study English.

1① play the piano「ピアノをひく」。楽器の場合はtheが必要。play tennis「テニスをする」。スポーツの場合はtheは不要。Sundaysが複数なので「毎週に」になる。

P.39 リピート プリント ⑯

1 ① play the   ② speak English
    ③ watch TV   ④ study English

2 ① I speak English.
    ② You speak Japanese.
    ③ He speaks English.
    ④ They speak Japanese hard.

2③ 3単現に注意。

STEP **09** **一般動詞の否定文（現在形）** (P.40~43)

P.42 リピート プリント ⑰

1 ① 彼は一冊も本を持っていません。
    ② 彼女は(その)車を洗いません。
    ③ わたしはネコを一匹も飼っていません。

2 ① Ken doesn't speak Chinese.
    ② She doesn't like tennis.
    ③ We don't study French.
    ④ Emi doesn't play in the garden.

1① not ~ any…「1つも…が~ない」
2和訳例　①ケンは中国語を話しません。②彼女はテニスが好きでありません。③わたしたちはフランス語を勉強しません。④エミは庭で遊びません。

P.43 リピート プリント ⑱

1 ① I do not〔don't〕have any stamps.
    ② He does not〔doesn't〕wash the car.
    ③ Ben does not〔doesn't〕speak Japanese.
    ④ He does not〔doesn't〕have a bag.

2 ① I do not〔don't〕play tennis.
    ② You do not〔don't〕play baseball in the park.

③ He does not〔doesn't〕play soccer in the evening.
④ She does not〔doesn't〕have a bag.

1① someは否定文や疑問文のときはanyになる。②③④3単現のときはdoesを使って否定文にする。その後は動詞の原形がくる。④ hasの原形はhave。
2② 「公園で」in the park。③「夕方に」はin the evening

STEP **10** **一般動詞の疑問文（現在形）** (P.44~47)

P.44 単語力UP

① comes   ② studies   ③ washes   ④ goes
⑤ plays   ⑥ watches   ⑦ speaks   ⑧ cries
⑨ likes   ⑩ opens

P.46 リピート プリント ⑲

1 ① 彼は日本語を教えますか。
        はい，教えます。
    ② あなたは車を持っていますか。
        いいえ，持っていません。
    ③ 彼は中国語で書きますか。
        はい，書きます。
    ④ あなたはサッカーをしますか。
        いいえ，しません。

2 ① Does he study English?
    ② Does she play tennis every day?
    ③ Does Emi like basketball?
        No, she doesn't.

2和訳例　①彼は英語を勉強しますか。②彼女は毎日テニスをしますか。③エミはバスケットボールが好きですか。いいえ，好きではありません。

P.47 リピート プリント ⑳

1 ① Do you have any bags?
        Yes, I do.
    ② Does she study English?
        No, she does not〔doesn't〕.
    ③ Does he teach Chinese?

6

Yes, he does.

2 ① Does he speak French? Yes, he does.

② Does she study English hard?

No, she does not〔doesn't〕.

③ Does Ken go to the library every day?

Yes, he does.

1① someは否定文や疑問文のときはanyになる。
②③３単現のときはdoesを使って疑問文にする。その後は動詞の原形がくる。
2③主語Kenは男性なので，その答えはheがくる。

確認テスト 2 (P.48~51)

1 ① goes ② study ③ don't ④ aren't
2 ① He is not〔He's not /He isn't〕a student.

② She does not〔doesn't〕study French.

③ They do not〔don't〕have any books.

④ Mike does not〔doesn't〕have an apple.

3 ① Does he play baseball? Yes, he does.

② Does she study English?

No, she does not〔doesn't〕.

③ Do they come to school? Yes, they do.

④ Are they teachers?

No, they are not〔they're not /they aren't〕.

4 ① I watch TV.

② Ken doesn't speak Chinese.

③ Do they teach English?

④ They play tennis.

5 ① run ② has ③ goes ④ study
6 ① speaks ② plays ③ watches ④ wash
7 ① You do not〔don't〕have any bikes.

② Does he play tennis in the park?

③ He studies English.

④ They study Japanese.

8 ① ６月 ② １月 ③ ７月 ④ 12月

⑤ ２月 ⑥ ５月 ⑦ ８月 ⑧ 11月

⑨ ３月 ⑩ ４月 ⑪ ９月 ⑫ 10月

1④「彼(女)らは医者ではありません」一般動詞がないのでbe動詞(aren't)を使う。
2① be動詞の否定文。③否定文にするのでsomeはanyにかわる。原形はhave。

3② 原形はstudy。④ be動詞の疑問文。
5②③３単現。④３人称複数なのでstudyがくる。
6①②③３単現なので動詞に(e)sをつける。④３人称複数なのでwashがくる。
7③ studiesに気をつける。「子音字+y」で終わっている。

STEP 11 | 人称代名詞 (P.52~55)

P.54 リピート プリント ㉑

1 ① your ② it ③ Its ④ We
2 ① She ② His / is ③ her ④ them

P.55 リピート プリント ㉒

1 ① him ② She ③ It ④ Its
2 ① He is my teacher. ② I know them.

③ Mary sees him. ④ This is my friend.

1④ it'sはit isの短縮形。区別をすること。
2③３単現に注意すること。seesがくる。

STEP 12 | 命令文 (P.56~59)

P.58 リピート プリント ㉓

1 ① 熱心に勉強しなさい。

② 英語を勉強しましょう。

③ 彼女を手伝ってください。

④ 親切にしなさい。

2 ① Wash ② Please ③ Don't ④ Let's

1①命令文は動詞の原形で始まる。④ be動詞の命令文は，be(原形)で始まる。
2③ Don't ～は禁止(～してはいけない)を表す命令文。

P.59 リピート プリント ㉔

1 ① Go. ② Let's go.

③ Please go〔Go, please〕. ④ Don't go.

2 ① Sing a song. ② Let's sing a song.

③ Please sing a song〔Sing a song, please〕.

④ She sings a song.

■③pleaseがつくと，ていねいな命令文。文末に
pleaseがつく時は，その前に必ず「,」をつけ
る。

②④命令文ではない。主語Sheがある。

STEP 13 現在進行形（1） (P.60〜63)

P.60 単語力UP

① studying / reading ② writing / using
③ swimming / sitting

解説

①studyingがyが抜けてstudingにならないように
注意すること。

P.62 リピートプリント ㉕

■ ① わたしは小説を書きます。
② 彼は小説を書いています。
③ 彼は音楽を聞きます。
④ 彼は今音楽を聞いています。
② ① am swimming ② are running
③ is studying ④ are eating

解説

■①③現在形。「〜です」の文。
②①②③④ 進行形は「be動詞＋動詞のing形」に
なる。be動詞の使い方を復習すること。

P.63 リピートプリント ㉖

■ ① I am watching TV now.
② He is making the bench now.
③ Kumi is studying English now.
④ Emi and Kumi are studying English now.
② ① I use this pencil.
② You are using this pen.
③ He is swimming in the river.
④ They are playing soccer.

解説

■①②③④ be動詞を忘れないこと。③ studyの
ing形に気をつけること。④主語は複数なので
be動詞はareになる。
②①現在形の文。

STEP 14 現在進行形（2） (P.64〜67)

P.64 単語力UP

① studying ② reading ③ speaking
④ making ⑤ using ⑥ writing
⑦ swimming ⑧ running ⑨ sitting
⑩ playing

P.66 リピートプリント ㉗

■ ① あなたはこの鉛筆を使っていますか。い
いえ，使っていません。わたしはこの鉛
筆を使っていません。
② 彼は小説を書きますか。いいえ，書きま
せん。彼は小説を書きません。
② ① She isn't swimming in the river.
② Is Ken running in the park? Yes, he is.

解説

■②現在形の文。
②和訳例①彼女は川で泳いでいません。②ケンは
公園で走っていますか。はい，走っています。

P.67 リピートプリント ㉘

■ ① is sitting ② isn't speaking
③ aren't running ④ Are /speaking
② ① He plays tennis every day.
② He is not〔He's not / He isn't〕playing
tennis in the park.
③ Are you running in the park?
Yes, I am
④ Is Mary sitting on a bench?
No, she is not〔she's not /she isn't〕.

解説

■②③進行形の否定文。be動詞の次にnotを持っ
てくる。④進行形の疑問文。be動詞を文の初
めに置く。
②①現在形の文。④主語Maryは女性なので，そ
の答えはsheがくる。

確認テスト 3 (P.68〜71)

■ ①He ②him ③her ④them ⑤her
② ①We ②Its ③it

3 ① 走ってはいけません。

② わたしはギターをひいています。

③ わたしたちは英語の本を読んでいません。

④ 彼〔彼女〕らは彼女を手伝っていますか。
　はい，手伝っています。

4 ① I am playing soccer now.

② You are making the bench now.

③ Hayato is swimming in the river now.

④ You and I are playing baseball now.

5 ① I help him.　② He studies Japanese.

③ We don't play the piano.

6 ① He studies English.　② Study English.

③ Don't study English.

④ You are studying English.

7 ① Be kind to your friend.

② He is writing an English story now.

③ We know her very well.

8 ① it　② Do　③ Are

解説

1① Kenは男性で主格だからHeがくる。

② Hayatoは男性で目的格だからhimがくる。

④ Ken and Hayatoは複数で目的格だからthem
がくる。

⑤「名詞＋'s」の形で「～の」を表す。Kumiは
女性で所有格だからherがくる。

4② make → making　③ swim → swimming
④主語が複数なのでbe動詞はareを使う。

5② 3単現に注意。studiesがくる。
③否定文don'tを使う。

6和訳例①彼は英語を勉強します。②英語を勉強
しなさい。③英語を勉強してはいけません。④
あなたは英語を勉強しています。

8和訳例①あれは写真〔絵〕ですか。はい，そうで
す。　②あなたは公園に行きますか。はい，行
きます。③あなたはフランス語を勉強していま
すか。はい，勉強しています。

| STEP **15** | 助動詞can | (P.72〜75) |

P.74 リピートプリント ㉙

1 ① わたしは上手にテニスをします。

② 彼は上手にピアノをひくことができます。

③ 彼〔彼女〕らはとても上手にギターをひく

ことができます。

2 ① can　② can skate　③ can/ very fast

④ can teach

解説

1①助動詞canのない文。②助動詞canのあとは
動詞の原形がくるので，playsにはならない。

P.75 リピートプリント ㉚

1 ① I can speak English very well.

② You can wash the car very well.

③ Mr. Smith can help him.

④ Ms. Green can swim in the sea.

2 ① I can run fast.

② You can teach English.

③ He can play baseball well.

④ She gets up early.

解説

1③④助動詞can＋動詞の原形

2④ early（早く）とfast（速く）の区別をすること。

| STEP **16** | 助動詞canの否定
文・疑問文 | (P.76〜79) |

P.78 リピートプリント ㉛

1 ① あなたは誕生日ケーキをつくることがで
きますか。

② 彼は（その）店で働くことができますか。

③ わたしたちは上手に日本語を話すことが
できません。

2 ① I can't cook lunch.

② He cannot swim fast.

③ Can Ken and Mike speak Japanese?

④ Can they play the flute?

解説

2主語によってcanの形は変わることはない。

② cannotのあとは動詞の原形がくる。

P.79 リピートプリント ㉜

1 ① Are　② Does　③ Can　④ he

2 ① I can't〔cannot〕walk fast.

② Can we use this chair?

No, you can't〔cannot〕.

解説

1問いの文と答えの文では，同じ動詞，助動詞を

用いるのが原則である。

STEP **17** | it の使い方　　　(P.80〜83)

(P.82) リピートプリント ㉝

1 ① 今日は何曜日ですか。水曜日です。
　　② あなたは何時に起きますか。
　　　わたしは7時30分です。
　　③ 彼は何時に寝ますか。彼は11時に寝ます。
　　④ 今何時ですか。午前9時です。
2 ① it /o'clock/it　② What /date/It's

解説

1① day があるので曜日を尋ねている。
2② 「何月何日」を尋ねるときは date がくる。

(P.83) リピートプリント ㉞

1 ① eight thirty / the morning
　　② eleven fifty / the morning
　　③ three forty / the afternoon
　　④ five o'clock / the afternoon
2 ① What time do you go to bed?
　　　I go to bed at ten thirty.
　　② It is〔It's〕Thursday today.
　　③ What is the date today?

解説

1③ forty が fourty にならないように注意。

確認テスト **4** | (P.84〜87)

1 ① ウ　② オ　③ イ　④ ア　⑤ エ
2 ① 午後7時です。
　　② 彼は日本語を上手に話すことができます。
　　③ 彼らは上手に踊ることができません。
3 ① I can play tennis.
　　② He can swim in the sea.
　　③ Can you make a birthday cake?
　　④ She can't〔cannot〕run in the garden.
4 ① first　② fifth　③ ninth
　　④ twelfth　⑤ 2番目　⑥ 3番目
　　⑦ 6番目　⑧ 10番目
5 ① イ　② ウ　③ ウ　④ ア
6 ① She can read an English book.

---

② What day is it today?
③ What is the date today?
7 ① Go.
　　② He does not〔doesn't〕go to the park.
　　③ Can Ken speak English?
　　　No, he can't〔cannot〕.
8 ① Can he sing a song?
　　② Can she play the flute?
　　③ They can't〔cannot〕run fast.

解説

1③ 曜日を尋ねている。④ 日付を尋ねている。
　⑤ 「10時10分ですか」
2②③ 助動詞 can の文。
3② can +動詞の原形になる。
4② fiveth にならないこと。③ nineth にならないこと。e はなくなる。④ twelveth にならないこと。
5 和訳例① わたしたちは上手に英語を話すことができます。② あなた(たち)はピアノをひくことができますか。③ 彼〔彼女〕らは速く走ることができません。④ 彼女は今，テニスをしています。
7① 小文字で go は単語で「行く」という意味になる。② 一般動詞なので does を使って否定文にする。③ 助動詞 can の疑問文。Ken は男性なので he で答える。

STEP **18** | These〔Those〕are 〜.　(P.88〜91)

(P.88) 単語力UP

① apples　② boxes　③ dictionaries
④ leaves　⑤ children

(P.90) リピートプリント ㉟

1 ① これらはかばんです。
　　② これらはイヌです。
　　③ あれらは鉛筆です。
　　④ それらは机です。
2 ① boys　② bags　③ buses
　　④ boxes　⑤ lilies　⑥ dictionaries
　　⑦ children　⑧ men　⑨ women
　　⑩ leaves

解説

1④ 「それらは机です」。they は「彼らは」「彼女

らは」「それらは」の３つの意味がある。

2⑦⑧⑨⑩は特別な言い方なので覚えること。

P.91 リピートプリント ㊱

1 ① These are chairs.
　② Those are dishes.
　③ Those are Henry's balls.
　④ These children are kind.

2 ① This is an apple.
　② These are apples.
　③ These girls are my students.
　④ Those boys are kind.

解説

1① thisの複数はthese。be動詞はareを使う。
　② thatの複数はthose。be動詞はareを使う。
　④ this child の複数はthese children。

2① appleは母音で始まっている。③ theseには
「これらは」と「これらの」の意味があり，名
詞がくるときは「これらの」になる。

STEP 19 | Are these(those) ～ ? / These(Those)aren't ～.　(P.92～95)

P.94 リピートプリント ㊲

1 ① これらの少女はかわいいです。
　② あれらは数学の教科書ではありません。
　③ あれらはりんごですか。はい，そうです。
　④ これらのオレンジはおいしいですか。
　　　いいえ，おいしくありません。

2 ① These words are new.
　② That book is useful.
　③ These are not〔aren't〕bags.
　④ Are those dogs？　Yes, they are.

解説

2和訳例①これらの単語は新しいです。② あの
本は役に立ちます。③ これらはかばんではあ
りません。④ あれらはイヌですか。はい，そ
うです。

P.95 リピートプリント ㊳

1 ① Are these knives？　Yes, they are.
　② Are these old temples？
　　　No, they are not〔aren't/they're not〕.
　③ Are those new apples？　Yes, they are.

④ Are those your bags？
　No, they are not〔aren't/they're not〕.

2 ① These are not〔aren't〕textbooks.
　② Those apples are not〔aren't〕delicious.
　③ Are these textbooks useful?
　　　Yes, they are.

解説

1①②③④疑問文にするときは，be動詞を文の
初めにもってくる。その答えはtheyがくる。

2①②否定文にするときは，be動詞の次にnot。

STEP 20 | 疑問詞（１）　(P.96～99)

P.98 リピートプリント ㊴

1 ① 彼女はだれですか。彼女はクミです。
　② いつあなたは図書館に行きますか。
　　　わたしは日曜日に図書館に行きます。

2 ① Who is he?
　② When does she clean?
　　　She cleans in the morning.

解説

1①② who, whenの疑問文はYes, Noで答えない。

2和訳例①彼はだれですか。②彼女はいつそうじ
をしますか。彼女は午前中にそうじをします。

P.99 リピートプリント ㊵

1 ① What　② What　③ When

2 ① Who is she?　② What is that?
　③ When do you study English?

STEP 21 | 疑問詞（２）　(P.100～103)

P.102 リピートプリント ㊶

1 ① これはだれのラケットですか。それはわ
たしのものです。
　② 彼女のかばんはどちらですか。あちらが
彼女のものです。
　③ このTシャツはいくらですか。16ドルで
す。
　④ 彼はどこで野球をしますか。彼は校庭で
野球をします。

11

2 ① It is〔It's〕mine.　② It is〔It's〕his.

　　③ It is〔It's〕hers.　④ It is〔It's〕ours.

解説

1 ③ how much(いくら)。

2 所有代名詞にはmine(わたしのもの), yours(あなた(たち)のもの), his(彼のもの), hers(彼女のもの)などがある。

P.103 リピートプリント ㊷

1 ① Can　② Whose　③ Which　④ How

2 ① How does he go to the park?

　　② Where does she live?

　　③ Which is your book?　This is mine.

解説

1 和訳例①彼女は走ることができますか。はい, できます。②これはだれのイヌですか。それは彼女のイヌです。③どちらがわたしのネコですか。こちらがあなたのものです。④彼〔彼女〕らはどのようにして学校に行きますか。彼〔彼女〕らは列車で学校に行きます。

STEP 22 **過去の文⑴ (規則動詞)** (P.104〜107)

P.104 単語力UP

① cleaned　② used　③ tried

P.106 リピートプリント ㊸

1 ① わたしは昨日数学を勉強しました。

　　② あなたは昨日部屋をそうじしました。

　　③ 彼は昨年大阪に住んでいました。

　　④ ケンとクミは先月バレーボールをしました。

2 ① ア　② ウ　③ イ　④ ア　⑤ イ　⑥ ア

　　⑦ ウ　⑧ イ

解説

1 ①②③④ yesterday, last year, last monthは過去を表す。

P.107 リピートプリント ㊹

1 ① I played tennis yesterday.

　　② You studied French last week.

　　③ She washed her car last month.

　　④ They lived in Kyoto two years ago.

2 ① I played baseball yesterday.

② You lived in Sapporo last month.

③ They opened the window yesterday.

④ We visited him last year.

解説

1 ② study → studied

STEP 23 **過去の文⑵ (不規則動詞)** (P.108〜111)

P.108 単語力UP

① went　② came　③ ate　④ saw

⑤ had　⑥ made　⑦ read　⑧ wrote

⑨ spoke　⑩ ran　⑪ got　⑫ taught

P.110 リピートプリント ㊺

1 ① 彼は昨夜10時に寝ました。

　　② 彼女は今朝7時に起きました。

　　③ デビッドとケンは昨日公園に行きました。

　　④ 彼らはそのとき楽しい時を過ごしました。

2 ① played　② studied　③ spoke

　　④ read　⑤ wrote　⑥ saw

　　⑦ taught　⑧ made

解説

1 ① go to bed(寝る)　② get up(起きる)

　　④ have a good time(楽しい時を過ごす)

2 ③④⑤⑥⑦⑧不規則変化。④〔レッド〕と発音。

P.111 リピートプリント ㊻

1 ① I went to the garden yesterday.

　　② You made the box last month.

　　③ He read the story two days ago.

　　④ They were busy last week.

2 ① I wrote an e-mail yesterday.

　　② You taught English last week.

　　③ He made a bench two days ago.

　　④ Mike ran in the park yesterday.

解説

1 ③ reads〔リーズ〕 → read〔レッド〕

　　④ be動詞の過去形。are → were

2 ①②③④不規則変化動詞を覚えること。

過去の文(3) (P.112~115)
（否定文・疑問文）

<P.114> リピートプリント ㊼

1 ① わたしはこのペンを昨日使いませんでした。
② わたしたちはそのときテニスをしませんでした。
③ あなたは昨日昼食を食べましたか。はい，食べました。
④ 彼〔彼女〕らは先月楽しい時を過ごしましたか。いいえ，過ごしませんでした。

2 ① studied ② studies ③ studying

解説

1 ①②は「～しませんでした」，③④は「～しましたか」と日本語にすること。

2 ① yesterdayがあるので過去の文。② every dayがあるので現在の文。③ 現在進行形の文。

<P.115> リピートプリント ㊽

1 ① Does he speak English? Yes, he does.
② Did she speak Japanese?
No, she did not〔didn't〕.
③ He did not〔didn't〕 read the magazine.
④ She does not〔doesn't〕 read the book.

2 ① I did not〔didn't〕 clean yesterday.
② She did not〔didn't〕 see him last week.
③ Did you go to the park two days ago?
Yes, I did.

解説

1 ③過去の文。「彼は雑誌を読みました」。もし，現在の文なら3単現のsがついている。④現在の文。「彼女は本を読みます」。3単現のsがついている。

確認テスト 5 (P.116~119)

1 ① エ ② ア ③ ウ ④ イ

2 ① He went to the park by bike.
② She didn't see him last week.
③ I had a good time yesterday.

3 ① or ② Which ③ Did ④ Can

4 ① cleaned ② are ③ any ④ studies

5 ① I played the piano yesterday.
② She had a good time yesterday.
③ He made the bench yesterday.
④ They washed the car yesterday.

6 ① これらは時計です。
② どのようにしてあなたは駅に行きますか。
③ わたしはバスで駅に行きました。

7 ① What is this?
② Where do you live?
③ How many apples do you have?

8 ① played ② lived ③ stopped
④ made ⑤ got ⑥ ran
⑦ spoke ⑧ wrote

解説

1 ① thisの場合，その答えは，it がくる。theseはthisの複数なのでtheyがくる。②数をたずねている。How many ～ 「いくつの～」。③場所をたずねている。④時をたずねている。

2 ①「自転車で」by bike ③「楽しい時を過ごす」have a good time

3 ①A or Bの文。Yes, No, で答えない。② mineがあるので「どちらが」を入れる。③ last nightは過去を表す。④ 助動詞canの文。

4 ① yesterdayがあるので過去の文。②複数の文。③疑問文・否定文のときはanyを使う。④ every day は現在で，Ken は3人称単数。

7 和訳例①これは何ですか。②あなた(たち)はどこに住んでいますか。③あなた(たち)はいくつのリンゴを持っていますか。

8 ①②③規則変化。stopは短母音なのでpを重ねてedにする。

be動詞の肯定文 (P.120~123)
（過去形）

<P.122> リピートプリント ㊾

1 ① わたしたちはそのとき家にいました。
② あなた(たち)は先週アメリカにいました。
③ 彼女は去年忙しかったです。
④ それらは新しいレモンです。

2 ① were ② were ③ was ④ was/ago

解説

1 ①②be動詞の意味には「～にいる」という意味もある。④現在の文。theyには「それらは」

という意味もある。

2④two years ago「２年前」

（P.123） リピートプリント ⑤0

1 ① I was happy yesterday.

　② He was a doctor three years ago.

　③ We were sad last week.

　④ They were seven years old last year.

2 ① We were in Japan last year.

　② You were kind boys.

　③ They were in the park then〔at that time〕.

　④ They are interesting.

解説

1和訳例①わたしは昨日幸せでした。②彼は３年前医者でした。③わたしたちは先週悲しかったです。④彼〔彼女〕らは昨年７歳でした。

2④現在の文。

STEP 26 be動詞の疑問文・否定文（過去形） (P.124〜127)

（P.126） リピートプリント ⑤1

1 ① 彼〔彼女〕らはその時家にいませんでした。

　② 彼は昨年日本にいませんでした。

　③ あなたたちはその時騒がしかったですか。
　　はい，騒がしかったです。

2 ① We were teachers two years ago.

　② She wasn't happy last Sunday.

　③ Were you sad at that time?
　　Yes, we were.

解説

1③答えにwe（わたしたちは）があるので，このyouは複数になる。

2和訳例①わたしたちは２年前先生でした。②彼女は先週の日曜日幸せではありませんでした。③あなたたちはその時悲しかったですか。はい，悲しかったです。

（P.127） リピートプリント ⑤2

1 ① You do not〔don't〕play tennis.

　② You were not〔weren't〕tennis players.

　③ Is he in Hokkaido?

　④ Were they teachers?

2 ① They are not〔aren't〕old〔They're not

old〕.

　② They were not〔weren't〕noisy at that time〔then〕.

　③ Were they busy last week?
　　Yes, they were.

解説

1①一般動詞の否定文・現在の文　②be動詞の否定文・過去の文　③be動詞の疑問文・現在の文　④be動詞の疑問文・過去の文

2①現在の文

STEP 27 過去進行形 (P.128〜131)

（P.130） リピートプリント ⑤3

1 ① わたしはギターをひいていました。

　② あなた〔あなたたち〕はその時英語を話していました。

　③ あなたたちはその時（その）箱を作っていましたか。はい，作っていました。

2 ① am　② were　③ wasn't

解説

1①②③過去進行形 be動詞(was, were)＋動詞のing形

2①現在進行形「〜しています」②過去進行形「〜していました」③ 過去進行形の否定文「〜していませんでした」

（P.131） リピートプリント ⑤4

1 ① I was studying Japanese.

　② He was watching TV.

　③ Ken was reading the book.

　④ They were helping Emi.

2 ① He studies English every day.

　② He was studying English then〔at that time〕.

　③ Were they playing soccer then〔at that time〕?
　　Yes, they were.

解説

1過去進行形 be動詞(was, were)＋動詞のing形。be動詞を忘れないこと。

2①現在形　②③過去進行形。thenは at that timeでも正解。

---

1 ① わたしは昨日部屋をそうじしました。
② 彼女は昨日悲しくありませんでした。
③ 彼は昨夜幸せでしたか。
④ 彼〔彼女〕らはその時サッカーをしていました。
⑤ 彼〔彼女〕らは毎日テニスをします。

2 ① Was / studying　② was in
③ were teachers

3 ① I was playing baseball.
② Were you a teacher?
③ We were not doctors.
④ I am reading the book now.

4 ① I was a tennis player.
② They were not〔weren't〕nurses.
③ Was he tired?
④ Mike was not〔wasn't〕 washing the car.

5 ① Were　② was　③ Did　④ am

6 ① was　② were　③ were

7 ① he was　② Did / didn't　③ they are

8 ① was　② were ③ was　④ were
⑤ were ⑥ was　⑦ was　⑧ was　⑨ were

解説

1①②③過去の文　④過去進行形　⑤現在の文

2①過去進行形　②be動詞の過去形　③主語が複数で，過去の文なのでwereを使う。

3和訳例①私は野球をしていました。②あなたは先生でしたか。③わたしたちは医者ではありませんでした。④わたしは今，その本を読んでいます。

5和訳例①あなた（たち）は昨日とても幸せでしたか。②ケンはその時私の部屋にいました。③彼は先週の日曜日勉強しましたか。④わたしは今，図書館で勉強しています。

6③主語は複数なのでwereになる。

7①be動詞の対話文。②一般動詞の対話文。
③現在進行形の対話文。
和訳例①彼は先生でしたか。はい，先生でした。②あなたは昨日英語を勉強しましたか。いいえ，しませんでした。③彼〔彼女〕らは日本語を勉強していますか。はい，勉強しています。

8⑨主語は複数なのでwereになる。